U0938097

助残志愿服务手册

北京市残疾人联合会支持
北京志愿服务发展研究会组织编写

北方联合出版传媒(集团)股份有限公司
万卷出版公司

图书在版编目（CIP）数据

助残志愿服务手册 / 北京志愿服务发展研究会组织编写. -- 沈阳 : 万卷出版公司, 2016.1
ISBN 978-7-5470-4074-4

Ⅰ. ①助… Ⅱ. ①北… Ⅲ. ①残疾人－慈善事业－青年志愿者行动－中国－手册 Ⅳ. ①D669.69-62

中国版本图书馆 CIP 数据核字（2015）第 315108 号

助残志愿服务手册

责任编辑	郝 兰
出 版 者	北方联合出版传媒（集团）股份有限公司 万卷出版公司
地　　址	沈阳市和平区十一纬路29号　邮编：110003
联系电话	024-23284090　010-57454988
经　　销	各地新华书店发行
印　　刷	北京市青云兴业印刷有限公司
版　　次	2016年1月第1版
印　　次	2016年1月第1次印刷
成品尺寸	150mm×210mm
印　　张	19
字　　数	200千字
书　　号	978-7-5470-4074-4
定　　价	32.00元

编委会

前言

近年来，在党和政府的高度重视和社会各界的共同参与下，我国助残志愿服务发展迅速，助残氛围日益浓厚。从“建家做友”“红领巾助残”“文化助残”“志愿者助残”“全国助残日”“国际残疾人日”到“邻里守望”“志愿助残阳光行动”，从残疾人的日常生活所需到医疗卫生、康复、教育、就业和社会参与等各个领域，助残志愿服务已成为满足残疾人基本需求的有益补充，也是倡导社会文明风尚、弘扬人道主义精神的重要渠道，并在残疾人服务工作中发挥着越来越重要的独特作用。通过助残志愿服务，广大残疾人朋友得到了实实在在的帮助，感受到了社会的尊重、理解、友爱和互助。

2015 年 5 月 20 日，中国助残志愿者协会在北京成立，标志着我国助残志愿服务工作步入规范化、制度化和常态化发展轨道。首都助残志愿服务工作由于得天独厚的区位优势，特别是 2008 年北京残奥会的成功举办，为北京乃至全国留下了宝贵财富。为进一步加强全市助残志愿服务工作，北京市残疾人联合会、共青团北京市委员会、北京市志愿服务联合会大力加强专业助残志愿者队伍建设，广泛开展“志愿助残阳光行动”，营造助残志愿服务良好氛围。与此同时，在推进助残志愿服务工作中，也面临一些具体问题，比如助残志愿社会环境有待进一步改善，长效机制需要建立，志愿者的助残服务能力和专业水平需要提高等。为此，北京市残疾人联合会通过政府购买服务，积极支持包括北京志愿服务发展研究会在内的社会团体开展理论研究和志愿者骨干培训，《助残志愿服务手册》即为成果之一。

本手册继承了2008年北京残奥会的基本理论和实践基础，结合当前残疾人工作和助残志愿服务现状，从理论、技能与管理三部分，对助残志愿服务工作做了梳理和阐述，集结成册作为助残志愿服务的通用培训教材。本手册汇集了志愿者助残的基本知识、基本技能和主要方法；收录了助残志愿服务的部分案例；整理了助残志愿服务的部分法律法规，形成了较为系统的助残志愿服务工具书。希望本书能够满足助残志愿者、助残志愿者组织、各级残疾人工作者等对助残志愿服务专业知识的需求；为北京市服务残疾人（包括视力残疾人、听力残疾人、言语残疾人、肢体残疾人、智力残疾人、精神残疾人和多重残疾人）的志愿者提供理论指导；为志愿者提升助残服务能力，更好、更恰当地为各类残疾人提供个性化的服务提供帮助。

本手册是集体智慧的结晶，在编写过程中感谢北京市残疾人联合会、共青团北京市委员会、北京市志愿服务联合会以及北京市联合大学特教学院、中国狮子联会北京会员管理委员会、红丹丹文化助盲志愿服务团队、“爱洒无声”助聋志愿者服务总队、北京市东城区脊髓损伤者中途之家、利智助残志愿服务团队、北京五彩鹿儿童行为矫正中心、北京市朝阳区望京李楠社会工作事务所等相关单位、机构组织的大力支持与配合。由于时间、能力等限制，本手册尚有不足之处，希望广大读者不吝指教。

再次致谢！

编写者
2015 年 12 月

理论篇

技能篇

管理篇

理论篇

第一章 志愿者、志愿服务、志愿精神

“志愿”一词在《现代汉语词典》中，做名词用时解释为“志向和愿望”，做动词用时解释为“自愿”。不管名词或动词的解释，“志愿”都是一个非常积极的词，包含着有思想、有理想的意思。成为一名志愿者，为社会提供志愿服务，向全社会倡导志愿精神，是每一位公民应该承担的责任。

本章通过一些具体事例，阐述志愿者、志愿服务、志愿精神的概念，使读者能够切实理解志愿者、志愿服务、志愿精神的内涵。

第一节　志愿者

我们许多人都是从“毫不利己、专门利人”的国际主义志愿者白求恩、“全心全意为人民服务”的雷锋等人物和他们的事例中了解到“志愿者”一词的。现今，全社会有越来越多的人以实际行动投身于志愿者行列，他们在服务他人、奉献社会的过程中，不仅播下了善意的种子，也在悄悄地筑就中国和谐社会的基础。

一、志愿者的概念

“志愿者”，英文为“volunteer”，源于拉丁文中的“voluntas”，原意为“意愿”。联合国将志愿者定义为“自愿进行社会公共利益服务而不获取任何利益、金钱、名利的活动者”。

《中国志愿服务大辞典》将志愿者定义为“为公共利益而自愿且无偿地奉献自己的时间、精力和技能的个人”，也称之为“志愿服务者”或“志愿工作者”。广义的志愿者包括自然人之外的人群及组织等志愿服务主体；狭义的志愿者是指在志愿服务组织登记，不以获得报酬为目的，自愿帮助他人和服务社会的个人。

香港称志愿者为“义工”，台湾地区称志愿者为“志工”。志愿者不仅是以实际行动在做好事，还在服务、奉献的过程中获得成长，塑造自我，逐渐成为一个高尚的人、一个纯粹的人、一个脱离了低级趣味的人、一个有益于人民的人。

助残志愿者指运用所掌握的与残疾人相关的专业知识和技能为残疾人提供志愿服务的志愿者，包括为视力残疾人服务的志愿者、为听力残疾人和言语残疾人服务的志愿者、为肢体残疾人服务的志愿者、为智力残疾人服务的志愿者、为精神残疾人服务的志愿者和为多重残疾人服务的志愿者等。

二、志愿者的特征

志愿者具有自愿性、非报酬性、公益性的特征。

1. 自愿性。就是指志愿者参与服务完全出于本人意愿，而非被强制。志愿者的自愿性并不排斥志愿者有一些自己的愿望，满足一些个人的需求。比如，获得一段公益经历，为自己的就业、出国增光添彩；需要学习专门的技能和知识；希望参与具有挑战性和新鲜感的活动；获得新的社会经验，增长更多的才干；发挥自身所长和专业知识，提升专业技能；希望担当更大的责任，实现个人价值；希望结交更多的朋友，扩大生活圈；希望获得服务伙伴、服务对象以及社会的认同，得到他人的肯定和赞扬，提升自信等。

在一次志愿者的交流活动中，一位中年女性志愿者提出一个问题：“作为女性，请你将丈夫、儿女、父母（公婆）、自

> 己，按照心目中关注的程度排列顺序，你会怎样排序？”有人回答说，儿女是我们的未来，需要细心呵护，儿女应该排在第一位；有人认为，“百善孝为先”是我国的优良传统，老人应该是第一位的；还有人认为，丈夫是身边最为亲近、终生相依为伴的人，应该排在第一位；却很少有人认为应该把自己排在第一位。这位中年女性志愿者认为，如果自己身体不好或者情绪不好，怎么照顾别人？学会照顾自己，把自己的生活料理好、情绪调整好，才能照顾好老人、丈夫和孩子。如果志愿者能够建立“以家为先，以业为重，志愿公益作补充”的生活模式，成为一个家庭幸福、事业有成、与人为善、快乐生活的人，那么，当他（她）提供志愿服务时，也能把自己的快乐带给他人。

志愿者服务的行为带给服务对象的不仅仅是外在的排忧解难、帮助照料等，还有良好的情绪和积极的情感。志愿者服务期间的思想、心态、情绪、情感等都决定了事情的成败和走向，也决定了志愿服务的质量。志愿者在实实在在的服务中，蕴含着自身的幸福感。志愿者如果能够通过一举一动、一言一行将情谊传递给受助者，服务才是最有成效、最有价值的。

2. 非报酬性。志愿者不追求物质利益，不以此为“高尚”的理由，不抱着“施予”心态。在态度上，志愿者要怀着“谦卑”之心为他人、为社会提供服务，尊重每一位被服务对象。在完成一次服务之后，志愿者更应该对接受自己帮助的人心存感激，因为无论谁接受你的帮助，都是对你的支持与配合，成全你“助人”的愿望。

一个企业的志愿者组织希望就近服务居民。他们找到居委会，要求对方提供几个残疾人家庭，以组织青年员工登门服务，帮助他们洗衣、做饭、打扫卫生。居委会推荐了三户人家，但他们登门拜访之后，只有一对残疾人老夫妇表示他们可以来家里服务，其他家庭都拒绝了。

志愿者们毫不气馁，择日前往这对残疾人老夫妇家。但是两位老人却没有让志愿者们动手干活，而是极尽所能，沏茶倒水招待他们一番，经过反复解释，老夫妇才勉强同意他们清扫一下房间的地板。之后志愿者们定时定点，坚持上门服务，几次来往，与老夫妇熟络起来，结果是打扫房间变成了副业，与老人聊天成了主业。不久，老人搬迁到约40公里之外的郊区，志愿者们感到空落落的，几位志愿者相约，在一个周末前去探望。志愿者们忽然感到其实是因为有这对老人，他们的生活才有了一点光彩，志愿服务的“高尚”有了依托；离开老人，志愿服务就没有了附着点，自己那小小的助人的愿望也没有实现的机会，这不是老夫妇在成全志愿者吗？因此，他们觉得自己更应该向这对老夫妇致敬、感谢才对。

3. 公益性。志愿者的公益性不但有利于他人和社会，而且有利于自身。这是一个“助人自助”的过程，志愿者本人的收获甚至远远超出了“授人玫瑰，手有余香”的快乐。

在一次大型残疾人运动会上，一位女大学生志愿者负责引领一位视力残疾运动员参加比赛。前期志愿者经过培训，学习了一些礼仪和服务规则，自己也因为有机会作为志愿者参加这次大赛服务，感到机会难得，十分珍惜。她工作热情，抱定了全力以赴做好服务的决心。但是第一次见到那位运动员时，她内心有一点点失望，因为那位女运动员并不愿意跟她一起走。志愿者再三示好，才勉强拉上手，缓缓将其引领上车。上午比赛结束，她经过耐心解释，才再次拉起对方的手，将其引领回到住处。午休之后，她又费了一番周折，才将对方引领上车，到达场馆。期间，志愿者极尽努力，释放自己的热情，对方却一直面无表情，没有一句回应，甚至连一个浅浅的微笑也没有。志愿者失望极了，心想："这就是我要的赛会服务吗？回去之后怎么跟同学描述自己的工作呢？"

比赛结束后，那位运动员没有获得优异的成绩。返程的时候，虽然她和几位队友在一起，却总是站在边缘，有人拽她一下，也纹丝不动，有点孤零零的。志愿者一边慢慢向她走过去，一边还在想用什么办法"哄"她上车时，意外的是，那位运动员似乎认出她，张望着往她的方向迈了一步。志愿者感到受到一种什么力量的牵引，紧走两步，来到她身边，对方竟然主动伸出手，似乎早就在等她来牵。志愿者顿时从心底涌出一股暖流，甚至有些颤抖，轻轻拉起对方的手，两人像姐妹一样慢慢上车，还是没有一句话，只是运动员一直依靠在志愿者身上。志愿者回顾这段服务过程时，激动不已。就是这一天的耐心和坚持，主动伸过来的小手，细微之处感受到对方的接纳，她感受到人类最珍贵的信赖和最纯粹的真诚。能够有这样一段经历，是她参与这次志愿服务最大的收获。

研究表明，当人的情绪情感变好时会带来内分泌改善，比如多巴胺和催乳素分泌增加，人的愉悦感倍增，细胞活力增强。数据表明，那些乐于助人、经常获得快乐和满足感的人，比孤独、郁闷或者生活乏味的人，寿命长40%以上。许多志愿者会因为在服务中获得的幸福感、喜悦感以及持久的感动，愿意不断重复助人行为，并不断改变自己。这种真心投入、利于社会的精神是非常可贵的。志愿服务既是助人，也是助己。

志愿者的公益性还表现在通过服务社会传播积极、正确的价值观，引导人们理解付出，懂得回报，用人与人之间的良性互动使社会变得更温暖。

有一个流传很广的故事。某一年各国志愿者前往非洲进行扶贫援助，当满载援助物品的车辆停下来时，孩子们纷纷围拢过来。一看到骨瘦如柴的孩子们，有的志愿者就要将车上的饼干、糖果、毛毯直接送到这些孩子的手上，但被一位志愿者拦下。他走到孩子们中间，请求孩子们帮忙卸车，如果参加了劳动，将有礼品相送。孩子们立即忙碌起来，把车上本来就要赠送给他们的物资卸下，通过劳动得到回报：饼干、毛毯、糖果等。有一位孩子来晚了，货车卸净了，但是这位志愿者要求他为在场的各位唱一首歌，慰问一下辛苦的劳动者。尽管他唱得并不尽如人意，但是仍然得到了奖励。这一段经历在孩子们心中埋下了“付出才有回报，努力才能得到帮助”的理念。

志愿者更要通过服务社会的过程不断自我建设、自我完善。一些志愿者以助人为乐，在付出辛劳的同时，不断收获成就、快乐和感动，以“牺牲享受、享受牺牲”的境界全身心投入志愿服务中，整天都安排非常多的活动和服务，乐此不疲，常常处在四处奔忙的状态。为了参加志愿服务，他们可能会克服自己身心的疲惫，压缩自己的休息时间，放下家里的事务，减少与亲友相聚，甚至抱病也要参加，精神虽然可嘉，但长此以往，并不可取。志愿者需要经常停下匆匆的脚步，细细体味一下自己志愿服务的生活，想想内心是不是真的快乐；在遇到挫折和烦恼时，是不是可以迅速摆脱出来；人际交往能力是不是增强了，人际关系的处理是不是更加巧妙了；从事志愿服务活动之后，与家人的情感是不是增进了，自己的事业是不是发展了，朋友是不是增多了，等等。所以志愿者不要将自己的服务次数、服务时长作为评价自己付出的唯一指标，而是要更关注内心，关注自己在精神层面受到的激励和成长。

志愿者最了不起的，不是外在的、看得见的对陌生人出手相助，无私给予款物，而是在生活中每时每刻存有的那点利他精神。对爱人呵护、爱戴、尊重，对朋友友好、温柔、忠诚，对陌生人包容、感激、和善，做好这些才是真正的志愿者。这也是我们成为纯粹志愿者的最终结果。参与志愿服务，志愿者本人是最大的受益者。

第二节　志愿服务和志愿精神

一、志愿服务

我们将以个体形式随时随地举手之劳的所作所为的志愿活动称为“志愿行为”，或者“非正式志愿服务”；将有组织的集体志愿行为，称为“志愿服务”（Volunteer Service），或者“正式志愿服务”。按照《中国志愿服务大辞典》的解释，志愿服务广义上是指造福近亲属以外的他人（个人或团体）或环境的所有活动；狭义上是指无偿为非营利机构工作，又称“志愿工作”。志愿服务具有自愿性、非报酬性、公益性、组织性等特征。助残志愿服务是指社会组织和个人自愿为残疾人提供的志愿服务，包括为残疾人提供无偿帮扶服务，协助开展残疾人康复，培养残疾人积极向上的生活情趣，活跃残疾人的文化生活，推动无障碍环境建设，方便残疾人参与社会生活，帮助残疾人就业等行动。

志愿服务因为有“组织”，可以有更多人的参与，群策群力，汇集更多的智慧，集思广益，广泛获得资源，吸引专业人士参与；提供的服务也可以解决较为集中、影响较大的社会问题，受益人也更多，比个人从事的志愿行为具有更高的效率。

> 1959 年北京修建十三陵水库，上至毛泽东、周恩来、刘少奇、朱德等党和国家领导人，下至中小学生，成千上万的人们以志愿服务的方式投身水库建设，形成了一浪高过一浪的无私奉献投身国家建设的热潮。

改革开放初期，志愿服务曾经作为精神文明建设的一项内容得到倡导和推广。20 世纪 80 年代，我国开始出现现代意义上的志愿活动和志愿者，并建立了正式的志愿服务机构。1993 年底，共青团中央开始组织实施中国青年志愿者行动；2005—2007 年，时任国家主席的胡锦涛同志倡导中央机关开展连续三年的“共产党员送温暖献爱心”活动，并发动全国开展行动；2008 年，汶川地震救灾使全国人民空前凝聚，款物志愿救援服务，群众捐赠超过千亿元；同年北京举办的奥运会、残奥会上，志愿者的微笑感动世界，开启了“志愿者元年”；2010 年，青海玉树救灾，社会志愿力量动员进一步广泛。目前，我国约有 9% 的人通过正式或非正式途径参与了志愿服务，中国志愿公益事业进入了有组织、有秩序的阶段。

二、志愿精神

据《中国志愿服务大辞典》解释，志愿精神是指自愿的、不为报酬而参与推动人类发展、促进社会进步和完善社区工作的精神，概括起来就是“奉献、友爱、互助、进步”。

奉献：提倡不求回报地付出，在志愿服务过程中不计报酬、不求名利、不要特权。这种付出，不仅仅是体能、智能和技能的付出，也有时间和金钱的付出。志愿者不会通过志愿服务追求物质利益，对物质的支配也更加超脱，达到古人所说的“货恶其弃于地也，不必藏于己；力恶其不出于身也，不必为己”的境界。这是志愿精神的真谛。

友爱：提倡欣赏他人，与人为善，有爱无碍，平等尊重。志愿者需要对“人”有信心，对“人”有美好的期望，相信他人。志愿者通过志愿服务更加热爱生活，热爱社会，学会欣赏他人、赞美他人，为人宽容，处事顺承，富有诚恳、谦敬、感恩的情感。世界因为有爱而无碍，这种跨越国界、职业和贫富差距，没有文化差异，没有民族之分，没有收入高低的平等之爱，让社会充满阳光般的温暖。

互助：提倡互相帮助，助人自助。志愿者凭借自己的知识、技能和爱心开展各种志愿服务活动，帮助那些处于困难和危机中的人。志愿者以互助精神唤起了人们内心的仁爱和慈善，使人们能够付出所余，持之以恒地真心奉献他人；而志愿者在帮助别人的过程中开拓了眼界，丰富了阅历，提升了技能，强化了对社会的责任感，同时也净化和愉悦了心灵，这些都是互助精神的体现。

进步：提倡志愿者通过参与志愿服务，使自己的能力得到提高，同时促进社会的进步。正是这种共同进步的精神，促使人们甘心付出，追求社会和谐。

当今社会，人们普遍将志愿精神视为一种宝贵的情操，是个人与社会发展完善的动力。志愿者的自我完善离不开服务社会，社会要完善也同样要普及志愿公益、服务奉献的精神。可以说，没有志愿者，没有志愿精神，就没有社会的公益慈善事业。公益慈善事业是建设良好社会的基石，志愿精神是公益慈善事业的支撑。

中华民族几千年的文明历史中，乡田同井，出入相友，守望相助，疾病相扶持，一直是人与人之间的相处之道；“与人为善”一直是我们祖先处理人与人之间关系的准则；乐善好施、见义勇为、扶贫济困、助人为乐的公益精神，伴随着中华文明的传承延续而逐步发展成熟，既是我们的传统美德，也是民族团结、国家统一的思想、文化基础。

当前，要使我国的现代化建设快速、稳定发展，确保社会安定和谐、持续健康发展，必须将中华民族的优秀文化传统发扬光大。

近年来，党和政府大力倡导志愿精神，已经将这种精神上升为全社会的主流意识，作为全体社会成员共同的价值观来推广，成为社会现代化建设的一项重要内容。在志愿精神的引领下，公益、慈善、服务不仅成为人们热议、讨论的话题，还成为人们热衷参与的事业，成为许多人生活的组成部分。越来越多的人发扬志愿服务的奉献精神，投身公益慈善事业，加强了人与人之间的交往及关怀，降低了彼此间的疏远感。志愿者在把关怀带给他人的同时，也传递了爱心，传播了文明。这种“爱心”和“文明”从一个人传递给另一个人，最终汇聚成一股强大的社会力量，持续推进中国社会的建设，推进志愿公益事业的发展。

我们的社会要平稳健康发展，不只要靠党和政府领导，企业参与，发展市场经济，更需要全体社会成员发扬无私奉献的志愿精神，以建立和谐互助的社会为目标，投身社会建设，促进社会融合。

20 世纪 80 年代邓小平同志提出“四个现代化”的战略构想，全党、全国人民把工作重点转移到经济建设上来。到 20 世纪末，国民经济翻两番，人均收入达到 800—1000 美元，我国步入小康社会。我们计划再用 50 年的时间，到 2050 年，使国民经济再翻两番，人均收入达到 4000 美元，步入中等发达国家水平。改革开放 30 多年，我国经济建设取得了辉煌的成就，2014 年我国人均国民生产总值已经达到 7500 美元，提前几十年实现了经济发展目标。人们从温饱到衣食无忧，需求发生了巨大转变，开始关心交通拥堵、环境污染、食品安全等社会问题，尤其是对社会公平和安全关注度极高。解决不好这些问题，社会可能出现动荡，“拉美化”现象的出现为我们敲响警钟。经济发展不等于社会发展，也不必然带来社会发展。我们需要继承发扬中华民族的优良传统，倡导优秀的民族文化，互相关心，互相帮助，人人志愿，处处公益，推进社会建设。

志愿精神是一种看不见的和谐，是一个社会软实力的体现。帮助别人，提升自己，完善心灵，拥有一个和谐温馨的人际环境和社会环境是人们共同的需求。志愿精神的普及正在悄悄地筑造中国公民社会的基础，可以说，志愿者们正在用志愿精神为当代中国做出实际贡献，充分发挥社会人力资源，修复社会心理，化解社会矛盾，促进社会稳定和谐。只有志愿精神得到普及，我们的社会才会更加和谐，更加美好。志愿精神正在悄悄改变世界。

曾任民政部部长的崔乃夫先生对“慈善”做过经典的注解：父母对子女的爱为“慈”，人与人之间的关爱为“善”。也就是说，“善”是平等主体之间的和谐关系，是有同情心的人之间的互助行为。慈善，英文为“philanthropy”，源于古希腊语，本意为“人的爱”。追根寻缘，我们祖先的解释也是如此，孔颖达疏《左传》“慈者爱，出于心，恩被于业”，又曰“慈为爱之深也”，可见人类善见略同。中华民族之所以具有非常强大的包容性，也是受这一传统思想文化的影响。中华民族是富有恻隐之心、感恩之心、敬畏之心的民族，“老者安之，朋友信之，少者怀之”，“老吾老以及人之老，幼吾幼以及人之幼”。

被称为世界历史上最早的慈善家的是春秋后期越国的范蠡，他曾经三次经商成巨富，三散家财，此之谓“富好行其德者”，自号“陶朱公”。世人誉之：“忠以为国，智以保身，商以致富，成名天下。”后代许多生意人皆供奉他的塑像，称之“财神”。汉光武帝的外祖父樊重“年八十余终，其素所假贷人间数百万，遗令焚削文契。债家闻者皆惭，争往偿之。诸子从敕，竟不肯受”。中国近代出现乞丐慈善家山东武训，30年乞讨兴办义学三所。状元慈善家江苏张謇，兴办370多所学校及图书馆、医院、育婴堂等。总理慈善家湖南熊希龄，捐 27.5 万大洋，6.2 万两白银，兴办慈善。华侨慈善家福建陈嘉庚，一生捐献教育资金即超一亿美元，“卖掉大厦，维持厦大”。

“公益”是公共利益事业的简称，泛指有关社会公众的福祉和利益，可以理解为“为人民服务”的另一种表述。

五四运动前很少人提到“公益”这个概念。它最早见于鲁迅《准风月谈·外国也有》：“只有外国人说我们不问公益，只知自利，爱金钱，却还是没法辩解。”

公益可以解释为个人或组织自愿通过做好事、行善举而给社会公众提供有利于公共安全、增加社会福利的产品。

公益活动是现代社会条件下的产物，是公民参与精神的体现。在组织公益活动时，要遵循公德，符合公意，努力形成参与者多赢共益的良好氛围。因此，公益活动至少应包含公民、公共、公德、公意和共益五个要素。现代公益是人人参与的公益。参与公益活动是现代社会的人们必须具备的意识。人们通过无私奉献，服务社会，超越个人利益而追求共同福利，实现人生最高价值。

志愿服务是志愿者奉献社会的基本形式，志愿精神是志愿者进行志愿服务的价值追求。做一名志愿者，可以使被服务对象获得个性化的服务和有效的帮助，增强对社会的信心；可以使自己尽一分公民的责任，学习新的知识和新的技能，在奉献社会的过程中获得成长和进步；可以传递爱心和温暖，有助于建立和谐社会和促进社会进步。志愿者是社会经济与文化发展进程中的必然产物，是社会进步的象征、社会文明的标志。

思考题

1. 什么是志愿者，并举例说明志愿者具有哪些特征？

2. 什么是志愿服务，并结合个人的志愿服务体会具体阐述志愿服务具有哪些特点？

3. 志愿精神是一种什么样的精神？

第二章 做有准备的助残志愿者

一位资深助残志愿者回顾自己的成长历程时提到，他曾经满怀热情参与助残志愿服务，但是发现事情并没有想象的那样有趣，而是充满了考验和挑战，有时还会令人束手无措。他也曾经拍脑门努力地“发现”残疾人的需求，闭门造车地提出一套“完美”计划，并不遗余力地实施。在实施的过程中，自己被感动得热泪盈眶，并陶醉其中，但后来因受助的残疾人不完全接受而“备受打击”；服务过程中也因考虑不周，发生了意想不到的事情，而让自己美好的助人愿望受到挫折。

本章通过介绍各类残疾人的特点及志愿者在助残服务中面临的压力及解决的方法与途径，指出志愿者个人和志愿者组织构建志愿者支持体系所涉及的各种问题，以帮助志愿者做好助残服务的准备，提高助残服务的切实可行性和有效性。

第一节　了解残疾人

《中华人民共和国残疾人保障法》第二条规定，残疾人是指在心理、生理、人体结构上，某种组织、功能丧失或者不正常，全部或者部分丧失以正常方式从事某种活动能力的人。残疾人包括视力残疾人、听力残疾人、言语残疾人、肢体残疾人、智力残疾人、精神残疾人、多重残疾人和其他残疾人。

《中华人民共和国国家标准“残疾人残疾分类和分级”》中，将残疾人按不同残疾分为视力残疾、听力残疾、言语残疾、肢体残疾、智力残疾、精神残疾、多重残疾七类；各类残疾按残疾程度分为四级，分别是残疾一级、残疾二级、残疾三级和残疾四级，残疾一级为极重度、残疾二级为重度、残疾三级为中度、残疾四级为轻度。

一、视力残疾人

（一）视力残疾定义和分级

视力残疾是指各种原因导致的双眼视力低下并且不能矫正或双眼视野缩小，以致影响日常生活和社会参与 。

视力残疾按视力和视野状态分级，其中“盲”为视力残疾一级和二级，“低视力”为视力残疾三级和四级。视力残疾均针对双眼而

盲，若双眼视力不同，则以视力较好的一眼为准；如仅有一眼为盲或低视力，而另一眼的视力达到或优于 0.3，则不属于视力残疾范围。最佳矫正视力是指以适当镜片矫正所能达到的最好视力，或以针孔镜所测得的视力。视野以注视点为中心，视野半径小于 10 度者，不论其视力如何，均属于盲。

1. 一级（极重度）

好眼的最佳矫正视力低于 0.02，或视野半径小于 5 度。

2. 二级（重度）

好眼的最佳矫正视力等于或优于 0.02，低于 0.05，或视野半径小于 10 度。

3. 三级（中度）

好眼的最佳矫正视力等于或优于 0.05，低于 0.1。

4. 四级（轻度）

好眼的最佳矫正视力等于或优于 0.1，低于 0.3。

视力残疾分级表

类别	残疾程度	残疾级别	好眼的最佳矫正视力或视野
盲	极重度	一级	无光感—< 0.02；或视野半径< 5 度
	重度	二级	0.02—< 0.05；或视野半径< 10 度
低视力	中度	三级	0.05—< 0.1
	轻度	四级	0.1—< 0.3

（二）视力残疾对个体的影响

视觉是人们获取信息的一个重要途径，大约 80% 的信息是通过视觉途径获得。视力残疾对人们感知外部信息产生影响，形成视力残疾个体心理过程发展的特殊性。

1. 对个体感觉的影响

首先，促进听觉功能的提高。由于视觉功能障碍，视力残疾人会特别注意获取听觉信息，具有较高的听觉感觉选择能力，日积月累形成较高的听觉记忆能力。

其次，促进触觉感受性。由于视觉丧失，视力残疾人会积极利用双手，分辨物体的大小、形状、温度、比例等属性。

再次，依靠其他感觉形成空间知觉。视力残疾人主要依靠听觉、触觉、嗅觉、本体觉认知空间关系和自己的空间位置，并指导自己的定向与运动。

最后，视觉表象缺失或不完整。视觉障碍导致视力残疾人只能感知部分或模糊的视觉信息，难以形成完整、清晰的视觉表象。

在视力残疾人群中，低视力者通常占绝大多数。他们在光线较强或者熟悉的地方会行动“自如”，看上去似乎没有障碍，但是在光线较暗的地方会遇到辨认困难：比如观看多媒体，或者遇到整扇玻璃的大门，会感到有障碍；在强光下进入房间或者阴凉之处，视觉反差会造成辨识不清；阴天时辨认公交车、广告、站牌、各类标识、房间号等也会受到限制。

2. 对个体注意的影响

视力残疾会促进听觉、触觉、嗅觉等感觉的有意注意增强，特别是听觉注意相对更强，因为视力残疾人不会受到视觉刺激的干扰，能够更专注地“洗耳恭听”。

3. 对个体记忆的影响

在记忆类型上，视力残疾人一般以听觉记忆和触觉记忆为主；在识记方法上，视力残疾人的机械记忆能力相对较强，短时记忆的广度优于同龄的明眼人，他们通常可以依靠触觉分辨和熟记常用物品的特征。

4. 对个体想象的影响

由于视觉障碍，视力残疾人以视觉表象为材料的想象受到限制。但是他们可以形成听觉想象，并对此展开丰富的想象。因此，视力残疾人可以“听电影”。

5. 对个体思维的影响

视力残疾人由于缺少视

觉表象，感知事物时会受到一些限制，从而影响思维发展。但是他们的语言不会受到影响，他们通常会借助语言进行思维。

6. 对个体语言的影响

视觉障碍一般不会影响视力残疾人语言的发展，他们的口语表达能力与明眼人没有太大差异，只是全盲的视力残疾人的书面语需要使用盲文。

盲 文

盲文，又称“点字”，国际通用的点字由6个凸起的圆点为基本结构组成，是专供视力残疾人摸读、书写的文字符号，1829年由法国视力残疾人路易·布莱尔（Louis Braille，1809—1852年）发明，因此，世人用他的名字来命名盲文（Braille）。

点字盲字，在纸面上有的凸起，有的不凸起，形成64种变化，即64种符形。每个符号（单位称“方”）分左右两列，每列各三个点，从左边自上而下叫作1、2、3点，从右边自上而下叫作4、5、6点。

（1）英语点字字母表

a b c d e f g h i j k
l m n o p q r s t u v
w x y z

（2）汉语拼音盲文声母韵母表

声母18	12 点 b	1234 点 p	134 点 m	124 点 f	145 点 d	2345 点 t	1345 点 n	123 点 l	1245 点 g	13 点 k	125 点 h	34 点 zh	12345 点 ch	156 点 sh
	245 点 r	1356 点 z	14 点 c	234 点 s										
韵母34	35 点 a	26 点 e	24 点 i	136 点 u	346 点 ü	1235 点 er	246 点 ai	2346 点 ei	235 点 ao	12356 点 ou	1246 点 ia	15 点 ie	345 点 iao	1256 点 iu
	123456 点 ua	13456 点 uai	2456 点 uei	135 点 uo	23456 点 yue	1236 点 an	236 点 ang	356 点 en	3456 点 eng	146 点 ian	1346 点 iang	126 点 in	16 点 ing	
	12456 点 uan	2356 点 uang	25 点 un	256 点 ong	12346 点 yuan	456 点 yun	1456 点 yong							

7. 对个体人格构建的影响

首先，对视力残疾的自我接纳程度影响视力残疾人的人格构建，如果自身不能正确对待视力残疾，将会制约健康人格的形成。其次，不良的社会环境影响其人格构建，如果社会对视力残疾人抱有偏见或持有歧视态度，可能会对视力残疾人产生负面影响，限制其完整人格形成。

二、听力残疾人

（一）听力残疾定义和分级

听力残疾是指各种原因导致双耳不同程度的永久性听力残疾，听不到或听不清周围环境声及言语声，以致影响日常生活和社会参与。

听力残疾分级按听觉系统的结构、功能，平均听力损失，活动和参与，环境和支持（不配戴助听放大装置）等因素分级。（注：3岁以内儿童，残疾程度一、二、三级的定为残疾人。）

1. 一级（极重度）

听觉系统的结构和功能极重度损伤，较好耳平均听力损失≥ 91dB HL，在无助听设备帮助下，不能依靠听觉进行言语交流，在理解和交流等活动上极度受限，在参与社会生活方面存在极严重障碍。

2. 二级（重度）

听觉系统的结构和功能重度损伤，较好耳平均听力损失在81—90dB HL之间，在无助听设备帮助下，在理解和交流等活动上重度受限，在参与社会生活方面存在严重障碍。

3. 三级（中度）

听觉系统的结构和功能中重度损伤，较好耳平均听力损失在61—80dB HL之间，在无助听设备帮助下，在理解和交流等活动上中度受限，在参与社会生活方面存在中度障碍。

4. 四级（轻度）

听觉系统的结构和功能中度损伤，较好耳平均听力损失在41—60dB HL之间，在无助听设备帮助下，在理解和交流等活动上轻度受限，在参与社会生活方面存在轻度障碍。

听力残疾分级表

残疾程度	残疾级别	结构和功能	平均听力损失	活动和参与	环境和支持
极重度	一级	极重度损伤	≥ 91dB HL	极度受限	需要助听设备
重度	二级	重度损伤	81—90dB HL	重度受限	需要助听设备
中度	三级	中重度损伤	61—80dB HL	中度受限	需要助听设备
轻度	四级	中度损伤	41—60dB HL	轻度受限	需要助听设备

（二）听力残疾对个体的影响

1. 对个体感觉的影响

首先，促进视觉功能的提高。由于听觉功能障碍，听力残疾人会加强使用视觉器官获取信息，长此以往使视觉具有较高的能力，在所有感官中处于优势地位。

其次，感知事物受到限制。由于听力残疾人听不到或听不清周围环境声及言语声，对事物或环境的理解不够全面或完整，比如如果没有手语翻译有可能不能完全理解电视剧中的情节。

2. 对个体注意的影响

听力残疾人由于听力受损或存在障碍，听觉注意能力较差，取而代之的是视觉注意能力较好，但是由于视觉容易产生疲劳，会影响注意的稳定性。

3. 对个体记忆的影响

听力残疾导致听力残疾人对抽象的语言符号理解存在困难，对来自于视觉的信息却容易理解，因此，听力残疾人主要以形象记忆为主。

4. 对个体思维的影响

听力残疾或障碍使听力残疾人主要依赖视觉器官获得具体形象，因此，听力残疾人的思维主要以具体形象思维为主。

5. 对个体语言的影响

听力残疾或障碍使听力残疾人缺乏正常的语言习得环境，存在不会发音或发音不清、不准等语言障碍，这也是“十聋九哑”的原因，因此，他们的语言沟通方式主要是以手语为主。

手指语

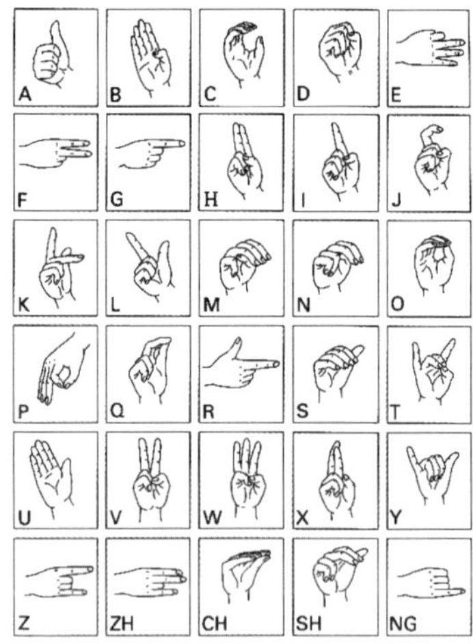

6. 对个体人格构建的影响

曾经有记者问海伦·凯勒，如果有来生，她是愿意成为视力残疾人，还是愿意成为听力残疾人。海伦•凯勒的回答让很多人都意想不到，她的回答是“成为视力残疾人”，而很多人都在猜测她选择成为听力残疾人，因为听力残疾人四肢健全，而视力残疾人行动不便。海伦•凯勒解释说，盲使人和物之间的距离被隔断了，聋使人和人之间的距离被隔断了。人和物之间的距离能通过言语沟通描述，或是把物体带到人身边消除距离，而人和人之间的距离怎么办？这就是听力残疾人最大的内心困境所在，且不容易被人理解。

三、言语残疾人

（一）言语残疾定义和分级

言语残疾是指各种原因导致的不同程度的言语残疾，经治疗一年以上不愈或病程超过两年，而不能或难以进行正常的言语交流活动，以致影响日常生活和社会参与。言语残疾包括失语、运动性构音障碍、器质性构音障碍、发声障碍、儿童言语发育迟滞、听力残疾所致的言语残疾、口吃等。（注：3 岁以下不定残。）

言语残疾分级按脑和发音器官的结构、功能，各种言语残疾不同类型的口语表现和程度，活动和参与，环境和支持等因素分级。

1. 一级（极重度）

脑和 / 或发音器官的结构、功能极重度损伤，无任何言语功能或语音清晰度小于等于 10%，言语表达能力等级测试未达到一级测试水平，在参与社会生活方面存在极严重障碍。

2. 二级（重度）

脑和 / 或发音器官的结构、功能重度损伤，具有一定的发声及言语能力，语音清晰度在 11%—25% 之间，言语表达能力等级测试未达到二级测试水平，在参与社会生活方面存在严重障碍。

3. 三级（中度）

脑和 / 或发音器官的结构、功能中度损伤，可以进行部分言语交流，语音清晰度在 26%—45% 之间，言语表达能力等级测试未达到三级测试水平，在参与社会生活方面存在中度障碍。

4. 四级（轻度）

脑和 / 或发音器官的结构、功能轻度损伤，能进行简单会话，但用较长句表达困难，语音清晰度在 46%—65% 之间，言语表达能力等级测试未达到四级测试水平，在参与社会生活方面存在轻度障碍。

言语残疾分级表

残疾程度	残疾级别	脑和 / 或发音器官损伤程度	言语功能或语音清晰度	言语表达能力等级测试	参与社会生活
极重度	一级	极重度损伤	无或小于等于 10%	未达到一级	极严重障碍
重度	二级	重度损伤	有一定能力或在 11%—25% 之间	未达到二级	严重障碍
中度	三级	中度损伤	可进行部分言语交流或在 26%—45% 之间	未达到三级	中度障碍
轻度	四级	轻度损伤	可简单会话或在 46%—65% 之间	未达到四级	轻度障碍

（二）言语残疾对个体的影响

1. 对发音的影响

言语残疾会对个体发音产生影响，比如发音不清、发错音、丢失音节、添加音节等，这些发音问题都会导致言语残疾人在交流时不被人理解。

2. 对流畅性的影响

言语残疾导致个体语言不流畅、语速异常、说话节奏不稳定，比如口吃或结巴，进而无法表达清楚所要表达的内容，影响人与人之间语言的交流。

3. 对声音的影响

言语残疾会导致个体说话时声音的音质变化，比如好像是捏着鼻子在说话；音调异常，声音或高或低、音量或大或小等问题。这些问题会让人觉得说话人很怪异，干扰人与人之间的交流。

4. 对语言的影响

言语残疾还会导致个体语言障碍，比如无法理解词语、语句的意义，无法正确表达，不会使用语法，用词错误等，影响个体语言的接收与表达，在日常交流中比较被动，影响正常的交往。

四、肢体残疾人

（一）肢体残疾定义和分级

肢体残疾是指人体运动系统的结构、功能损伤造成的四肢残缺，或四肢、躯干麻痹（瘫痪）、畸形等导致人体运动功能不同程度丧失以及活动受限或参与的局限。肢体残疾主要包括三种情况：第一种是上肢或下肢因伤、病或发育异常所致的缺失、畸形或功能障碍，第二种是脊柱因伤、病或发育异常所致的畸形或功能障碍，第三种是中枢、周围神经因伤、病或发育异常造成躯干或四肢的功能障碍。

肢体残疾分级按人体运动功能丧失，活动受限、参与局限的程度分级。（注：不配戴假肢、矫形器及其他辅助器具。）

肢体部位说明如下：

①全上肢：包括肩关节、肩胛骨；

②上臂：肘关节和肩关节之间，不包括肩关节，含肘关节；

③前臂：肘关节和腕关节之间，不包括肘关节，含腕关节；

④全下肢：包括髋关节、半骨盆；

⑤大腿：髋关节和膝关节之间，不包括髋关节，含膝关节；

⑥小腿：膝关节和踝关节之间，不包括膝关节，含踝关节；

⑦手指全缺失：掌指关节；

⑧足趾全缺失：跖趾关节。

1. 一级（极重度）

不能独立实现日常生活活动，并具备下列状况之一：

①四肢瘫：四肢运动功能重度丧失；

②截瘫：双下肢运动功能完全丧失；

③偏瘫：一侧肢体运动功能完全丧失；

④单全上肢和双小腿缺失；

⑤单全下肢和双前臂缺失；

⑥双上臂和单大腿（或单小腿）缺失；

⑦双全上肢或双全下肢缺失；

⑧四肢在手指掌指关节（含）和足跗趾关节（含）以上不同部位缺失；

⑨双上肢功能极重度障碍或三肢功能重度障碍。

2. 二级（重度）

基本上不能独立实现日常生活活动，并具备下列状况之一：

①偏瘫或截瘫，残肢保留少许功能（不能独立行走）；

②双上臂或双前臂缺失；

③双大腿缺失；

④单全上肢和单大腿缺失；

⑤单全下肢和单上臂缺失；

⑥三肢在手指掌指关节（含）和足跗趾关节（含）以上不同部位缺失（一级中的情况除外）；

⑦二肢功能重度障碍或三肢功能中度障碍。

3. 三级（中度）

能部分独立实现日常生活活动，并具备下列状况之一：

①双小腿缺失；

②单前臂及其以上缺失；

③单大腿及其以上缺失；

④双手拇指或双手拇指以外其他手指全缺失；

⑤二肢在手指掌指关节（含）和足跗跖关节（含）以上不同部位缺失（二级中的情况除外）；

⑥一肢功能重度障碍或二肢功能中度障碍。

4. 四级（轻度）

基本上能独立实现日常生活活动，并具备下列状况之一：

①单小腿缺失；

②双下肢不等长，差距大于等于 50 mm；

③脊柱强（僵）直；

④脊柱畸形，后凸大于 70 度或侧凸大于 45 度；

⑤单手拇指以外其他四指全缺失；

⑥单手拇指全缺失；

⑦单足跗跖关节以上缺失；

⑧双足趾完全缺失或失去功能；

⑨侏儒症（身高小于等于 1300 mm 的成年人）；

⑩一肢功能中度障碍或两肢功能轻度障碍；

⑪类似上述的其他肢体功能障碍。

肢体残疾分级表

残疾程度	残疾级别	能否独立实现日常生活活动	肢体残疾状况
极重度	一级	不能	四肢瘫：四肢运动功能重度丧失； 截瘫：双下肢运动功能完全丧失； 偏瘫：一侧肢体运动功能完全丧失； 单全上肢和双小腿缺失； 单全下肢和双前臂缺失； 双上臂和单大腿（或单小腿）缺失； 双全上肢或双全下肢缺失； 四肢在手指掌指关节（含）和足跗跖关节（含）以上不同部位缺失， 双上肢功能极重度障碍或三肢功能重度障碍。
重度	二级	基本上不能	偏瘫或截瘫，残肢保留少许功能（不能独立行走）； 双上臂或双前臂缺失； 双大腿缺失； 单全上肢和单大腿缺失； 单全下肢和单上臂缺失； 三肢在手指掌指关节（含）和足跗跖关节（含）以上不同部位缺失（一级中的情况除外）； 二肢功能重度障碍或三肢功能中度障碍。
中度	三级	能部分	双小腿缺失； 单前臂及其以上缺失； 单大腿及其以上缺失； 双手拇指或双手拇指以外其他手指全缺失； 二肢在手指掌指关节（含）和足跗跖关节（含）以上不同部位缺失（二级中的情况除外）； 一肢功能重度障碍或二肢功能中度障碍。

轻度	四级	基本上能	单小腿缺失； 双下肢不等长，差距大于等于 50 mm； 脊柱强（僵）直； 脊柱畸形，后凸大于 70 度或侧凸大于 45 度； 单手拇指以外其他四指全缺失； 单手拇指全缺失； 单足跗跖关节以上缺失； 双足趾完全缺失或失去功能； 侏儒症（身高小于等于 1300 mm 的成年人）； 一肢功能中度障碍或两肢功能轻度障碍； 类似上述的其他肢体功能障碍。

（二）肢体残疾对个体的影响

大多数肢体残疾人在感知、注意、记忆、思维等认知过程方面与健全人无明显区别，只是一些中枢神经损伤者可能会有听力、视力、认知或言语方面的障碍，肢体残疾主要对个体的个性心理产生影响。

1. 对个体独立的影响

肢体残疾导致个体行动不便或行动困难，需要依靠他人的帮助才能解决一些日常生活问题或工作问题，但是他们又不希望长期依赖他人，以至于出现独立性和依赖性之间的矛盾。

2. 对个体交往的影响

肢体残疾导致个体行动不便或环境限制而出行困难，时间长久势必会使个体社会活动太少，进而产生孤独的感觉，出现孤独与交往的矛盾。

3. 对个体自我的影响

肢体残疾可能会导致个体学习、交友、生活、就业、出行等各个方面受到限制或出现困难，甚至是周围人们的异样眼光，或者全部需要他人的帮助，使个体自尊受到挑战，出现自尊与自卑的矛盾。

4. 对个体情绪的影响

肢体残疾使个体在现实生活中会遇到许多意想不到的问题或困难，如被别人不理解等，出于一种自我保护个体会产生一些情绪，但现实中许多肢体残疾人非常优秀和有能力，使个体情绪受到考验，出现情绪与理智的矛盾。

5. 对服务需求的影响

在不同年龄段，肢体残疾人对社会服务的需求侧重方面有所不同：

婴幼儿期（0—6 岁）的肢体残疾人主要是获得抢救性康复，通过矫形手术、康复训练等手段使肢体功能最大限度地得到恢复，为未来的生活和康复打下更好的基础；

儿童期（7—15 岁）的肢体残疾人主要是接受教育，良好的教育可以使肢体残疾人学习更多的知识，掌握生活、职业技能，开阔眼界，为下一步的就业、融入社会做好准备；

成年期（16—59 岁）的肢体残疾人主要是通过就业融入社会，自食其力，实现个人价值，在社会生活中完善自我，建立家庭等，一些难以就业的残疾人则需要获得生活保障；

老年阶段（60 岁以上）的肢体残疾人主要是养老，获得保障，安度晚年。

五、智力残疾人

人们通常认为智力残疾人是一群智力低下、什么都不懂、什么都不会做的人，而事实并非如此，一些智力残疾人的能力甚至远远超出我们的想象，更重要的是他们的权利与尊严我们必须尊重。只要社会给予他们更多的理解、关爱和帮助，他们就能够像我们一样享受生活，和我们一起共享社会成果，成为社会大家庭中的一员。

（一）智力残疾定义和分级

智力残疾是指智力显著低于一般人水平，并伴有适应行为的障碍。此类残疾是由于神经系统结构、功能障碍，个体活动和参与受到限制，需要环境提供全面、广泛、有限或间歇的支持。智力残疾包括在智力发育期间（18 岁之前），由于各种有害因素导致的精神发育不全或智力迟滞；或者智力发育成熟以后（18 岁以后），由于各种有害因素导致智力损害或智力明显衰退。

智力残疾分级按 0—6 岁和 7 岁及以上两个年龄段发育商、智商和适应行为分级。0—6 岁儿童发育商小于 72 的直接按发育商分级，发育商在 72—75 之间的按适应行为分级。7 岁及以上儿童按智商、适应行为分级，当两者的分值不在同一级时，按适应行为分级。WHO-DAS Ⅱ分值反映的是 18 岁及以上各级智力残疾的活动与参与情况。

智力残疾分级表

残疾程度	残疾级别	智力发育水平		社会适应能力	
		发育商（DQ）0—6岁	智商（IQ）7岁及以上	适应行为（AB）	WHO-DAS Ⅱ分值 18岁及以上
极重度	一级	≤ 25	＜ 20	极重度	≥ 116
重度	二级	26—39	20—34	重度	106—115
中度	三级	40—54	35—49	中度	96—105
轻度	四级	55—75	50—69	轻度	52—95

适应行为表现

极重度——不能与人交流，不能自理，不能参与任何活动，身体移动能力很差；需要环境提供全面的支持，全部生活由他人照料。

重度——人际交往能力差，生活方面很难达到自理，运动能力发展较差；需要环境提供广泛的支持，大部分生活由他人照料。

中度——能以简单的方式与人交流，生活能部分自理，能做简单的家务劳动，能参与一些简单的社会活动；需要环境提供有限的支持，部分生活由他人照料。

轻度——能生活自理，能承担一般的家务劳动或工作，对周围环境有较好的辨别能力，能与人交流和交往，能比较正常地参与社会活动；需要环境提供间歇的支持，一般情况下生活不需要由他人照料。

智力残疾人是一个特殊的群体，由于心智功能的限制，他们在思维、语言、人际交往、社会适应等很多方面与普通人不一样，甚至存在较大的差异。智力残疾人需要环境提供全面、广泛、有限、间歇的支持和服务，而且这种支持和服务也许会持续智力残疾人的一生。

（二）智力残疾对智力残疾儿童和青少年的影响

智力残疾儿童和青少年像普通孩子一样，处在发展的关键期，适应社会和接受教育是他们的主要任务。普通儿童和青少年面临的生涯发展任务，智力残疾儿童和青少年也同样需要，只是智力残疾会导致他们产生与其他孩子不一样的问题。

1．对认知功能的影响

智力残疾对智力残疾儿童和青少年认知功能的影响主要表现在以下几个方面。

（1）智力残疾儿童和青少年记忆力存在困难，比如老师刚教会的字，他们转身就会忘记。

（2）智力残疾儿童和青少年学习速度缓慢，他们学习新知识和新技能的速度低于正常儿童和青少年。比如学习认识一种动物，正常的儿童看过一遍可能就认识了，而智力残疾儿童和青少年可能需要花更多的时间。

（3）智力残疾儿童和青少年的注意力不够集中，他们容易将注意力分散在无关的事物上，并且不能持续关注。他们在学习过程中，不能把注意力集中在教师要求的学习任务上，非常容易被与学习内容不相关的事物所吸引。

（4）智力残疾儿童和青少年对知识的迁移存在困难。知识迁移能力是不断学习和掌握新知识的基本能力，智力残疾儿童和青少年普遍存在知识迁移困难，比如小数点，他们在课堂上可能掌握了用法，也会读会写，但是到了超市中却不认识价签上带有小数点的价钱。

（5）智力残疾儿童和青少年缺少求知欲。智力残疾儿童和青少年在学习时，会明显地表现出对什么问题都缺乏兴趣，尽管老师使出浑身解数也不能激发他们的学习动机。

2. 对适应行为的影响

适应行为是一个人参与社会生活能力的综合体现，也是一个人社会化程度的标志。智力残疾对智力残疾儿童和青少年适应行为的影响主要体现在以下几个方面。

（1）智力残疾儿童和青少年的生活自理能力较低。有的智力残疾儿童生活不能自理，他们在吃饭、穿衣、个人卫生等方面经常需要得到支持。

（2）智力残疾儿童和青少年的社会交往能力较差。由于智力残疾的限制，他们在人际交往过程中经常会使用不恰当的语言，或者做出不恰当的行为，或者没有一个话题可与人交谈，等等。

（3）智力残疾儿童和青少年可能会有一些行为不合时宜，比如对他（她）喜欢的人，他（她）会突然走上前对其进行拥抱等。

虽然智力残疾儿童和青少年在适应行为方面存在许多问题，但事实上，他们的身上也还存在着许多值得普通儿童和青少年学习的优秀品质，比如对老师交给的工作极其负责，在人际交往中表现很真诚，对自己喜欢的玩具执着，对喜欢的运动项目坚韧不拔地坚持等。

（三）智力残疾对智力残疾成年人的影响

成年人是指 18 周岁以上、完全民事行为能力的公民。成年人不仅享有公民应有的权利，还要承担公民应尽的义务，要参与社会活动，共享社会生活。智力残疾使智力残疾成年人在适应社会、参与社会活动的过程中遇到诸多困难，他们需要得到一定程度的支持才能适应社会生活。

1．对独立活动的影响

独立生活是成人生活的重要标志。具有独立生活能力及其与独立生活相适应的日常行为是成年人适应社会、参与社会生活的基本要求，也是成年人融入社会的标志。智力残疾对智力残疾成年人日常行为的影响主要体现在以下几个方面。

（1）智力残疾成年人缺乏自我保护意识。对于生活中的突发事件，像地震、交通事故、家中煤气泄漏、突发疾病等意外情况感觉迟钝，甚至没有意识，而且容易上当受骗、被拐卖等。

（2）智力残疾成年人不能很好地处理恋爱与婚姻问题。虽然他们智力有残疾，但是生理发展正常，他们像普通人一样，有谈恋爱、组成家庭的渴望和需要，可是智力残疾使他们不懂得采取合理的行为与做法，处理恋爱与婚姻问题，其家长也会因为他们的智力残疾问题而采取回避的态度。

（3）智力残疾成年人在人际交往过程中缺乏主动和积极交往的意识。他们不懂得交往的礼仪和用语，甚至缺乏交往的意识，因此经常处于孤独当中，没有朋友，交往最多的就是家里人。

2. 对就业的影响

就业是成年人生活的核心问题。只有实现就业才能获得经济上的独立，最终真正实现独立生活。智力残疾成年人在就业方面存在问题，他们具有就业的潜力，但是需要经过恰当的职业训练。他们在就业过程中需要得到来自周围同事的支持和协助。我们在支持协助他们的时候应注意以下几个问题。

（1）安全方面的问题。为了保证他们在安全的环境中工作，需要有针对性地对他们进行安全方面的教育。

（2）体能方面的问题。智力残疾成年人在就业时必须具备适当的体能。比如任何工作均必须具备必要的体能，但是不同的工作条件与环境对体能的要求不同。一般情况下，户外工作需要更强的体能和运动能力，室内工作对体能和运动能力的要求相对低一些。不同的工作对体能的要求也有所不同。

（3）认知方面的问题。任何一种职业或工作均要求一定的知识和基本能力。比如任何一项工作都要求具备基础的文化和数学方面的能力，并且这是建立质量意识的就业与职业维持的核心关键问题。

（4）人际协调方面的问题。在工作中他们需要与其他同事相处和相互协助，处理工作中的人际交往问题等。

（5）行为情绪方面的问题。比如智力残疾成年人应有效地控制自己的情绪和行为状态，严格遵守工作规范，体现良好的工作风貌。

六、精神残疾人

（一）精神残疾定义和分级

精神残疾是指各类精神残疾人持续一年以上未痊愈，由于存在认知、情感和行为障碍，以致影响日常生活和社会参与。

精神残疾分级：18 岁及以上的精神残疾患者依据 WHO-DAS Ⅱ分值和适应行为表现分级，18 岁以下的精神残疾患者依据适应行为的表现分级。

1．一级（极重度）

WHO-DAS Ⅱ值等于或大于 116 分，适应行为极重度障碍：生活完全不能自理，忽视自己的生理、心理的基本要求；不与人交往，无法从事工作，不能学习新事物；需要环境提供全面、广泛的支持；生活长期、全部需他人监护。

2．二级（重度）

WHO-DAS Ⅱ值在 106—115 分之间，适应行为重度障碍：生活大部分不能自理；基本不与人交往，只与照顾者简单交往；能理解照顾者的简单指令，有一定学习能力；监护下能从事简单劳动；能表达自己的基本需求，偶尔被动参与社交活动；需要环境提供广泛的支持；大部分生活仍需他人照料。

3．三级（中度）

WHO-DAS Ⅱ值在 96—105 分之间，适应行为中度障碍：生活上不能完全自理；可以与人进行简单交流，能表达自己的情感；

能独立从事简单劳动；能学习新事物，但学习能力明显比一般人差；被动参与社交活动，偶尔能主动参与社交活动；需要环境提供部分支持，即所需要的支持服务是经常性的、短时间的需求；部分生活需他人照料。

4. 四级（轻度）

WHO-DAS Ⅱ值在52—95分之间，适应行为轻度障碍：生活上基本自理，但自理能力比一般人差，有时忽略个人卫生；能与人交往，能表达自己的情感，体会他人情感的能力较差；能从事一般的工作；学习新事物的能力比一般人稍差；偶尔需要环境提供支持；一般情况下生活不需要他人照料。

精神残疾分级表

残疾程度	残疾级别	WHO-DAS Ⅱ分值	适应行为障碍程度	适应行为表现
极重度	一级	≥116	极重度	生活完全不能自理，忽视自己的生理、心理的基本要求；不与人交往，无法从事工作，不能学习新事物；需要环境提供全面、广泛的支持；生活长期、全部需他人监护。
重度	二级	106—115	重度	生活大部分不能自理；基本不与人交往，只与照顾者简单交往；能理解照顾者的简单指令，有一定学习能力；监护下能从事简单劳动；能表达自己的基本需求，偶尔被动参与社交活动；需要环境提供广泛的支持；大部分生活仍需他人照料。

中度	三级	96—105	中度	生活上不能完全自理；可以与人进行简单交流，能表达自己的情感；能独立从事简单劳动；能学习新事物，但学习能力明显比一般人差；被动参与社交活动，偶尔能主动参与社交活动；需要环境提供部分支持，即所需要的支持服务是经常性的、短时间的需求；部分生活需他人照料。
轻度	四级	52—95	轻度	生活上基本自理，但自理能力比一般人差，有时忽略个人卫生；能与人交往，能表达自己的情感，体会他人情感的能力较差；能从事一般的工作；学习新事物的能力比一般人稍差；偶尔需要环境提供支持；一般情况下生活不需要他人照料。

（二）精神残疾对个体的影响

引发精神残疾的原因多种多样，包括精神分裂症、情感性和反应性精神残疾、脑器质性与躯体疾病所致的精神残疾、精神活性物质所致的精神残疾、儿童或少年期精神残疾、其他精神残疾，因此，精神残疾对个体的影响也千差万别，很难找到共同之处，每一种精神残疾对个体的影响也表现在不同的方面。

1．孤独症

孤独症至今病因未明，基本临床特征为以下几个方面。

社会交往障碍。患儿表现为目光回避，对人的声音缺少兴趣，没有期待被抱起的姿势或抱起时全身松软，不愿与人贴近，呼之常无反应，对父母不依恋，缺乏与其他儿童在一起或一起玩的兴趣，甚至可能主动回避。大多数患儿对集体游戏仍缺乏兴趣，不能建立伙伴关系。病情较轻的患儿可能出现对友谊的渴望，但因为对社交常情缺乏理解，常会做出一些与社交常情相违背的事情，从而阻碍友谊的建立和发展。患儿成年后仍缺乏社交技能，难以建立恋爱关系和结婚。

言语发育障碍。患儿通常以哭、尖叫或拉着大人手走向想要的东西，表示他们的需要。他们常常不会点头、摇头或使用适当的手势，表情常显淡漠，我们称之为“非言语交流障碍”。

兴趣范围狭窄以及刻板。患儿言语理解能力不同程度受损，言语发育也存在障碍。患儿通常说话晚，有些患儿 2—3 岁前有表达性言语，但以后逐渐减少，甚至消失；有些患儿终生无言语。患儿在言语形式、内容上也存在异常，常存在模仿言语（即刻板或延迟刻板重复言语或自我刺激言语），语法结构和人称代词常常错用，语调、语速、节律、重音等方面也存在异常。虽然部分患儿有言语，但言语运用能力常受损，也不会主动与人交谈，不会提出或维持话题，交谈时常依靠刻板重复的短语，只会反复纠缠同一话题，不注视对方，也不在意对方的反应，我们称之为“言语交流障碍”。

单一行为方式。患儿刻板地要求日常生活常规，如物品的摆放位置、行走的路线等一成不变，如发生细微变化即会拒绝、烦躁不安。兴趣也较狭窄，并且存在不寻常的兴趣和非同一般的游戏方式，如迷恋于看旋转的物品，玩汽车总是倒过来转轮子玩等，对一些古怪的物品可能产生强烈的依恋。患儿常常会出现一些刻板重复的动作及奇特怪异的行为，如重复蹦跳，将手放在胸前凝视，或将手放在头、胸前扑动等；并可能持续地关注于物体的某些非主要特性，如去闻不该闻的物品，或反复地触摸光滑的物体。有的患儿痛觉迟钝，有的患儿对某些频率的声音特别敏感。

孤独症患儿中，约 50% 的患儿智商低于 50，约 25% 的患儿智商为 50—69，约 25% 的患儿智商等于或高于 70。患儿能力发展不平衡，音乐、机械记忆、计算能力相对较强。

孤独症患儿的情感表达可能平淡、过分或不适切，情绪经常不稳定。年幼儿常常活动明显过多，在青少年时期后倾向于活动过少。约 30%—40% 患儿有合并癫痫。

目前，对孤独症缺乏有效的药物和干预方法，但早期干预、持续干预、科学干预可以发挥巨大的效用，给孩子及其家庭带来希望和幸福。

2. 精神分裂症

精神分裂症临床症状多种多样，十分复杂，并在不同类型和不同临床阶段均有较大差异，这里仅介绍精神分裂症最常见的特征性精神症状。

感知觉障碍：精神分裂症患者在早期可能表现出特殊的躯体不适感、头部重压感、脑内屏障感、体内液体流动感等异样的精神症状，有的病人可能出现时间、空间、距离、大小等感知觉异常，如对距离的远近、物体的大小以及个体的变化等感觉错乱。更特征性的是幻觉，尤其是命令性幻听、评论性幻听等。

思维障碍：包括内容障碍，如妄想和超价观念；思维联想障碍，如思维松弛、思维破裂、思维中断、思维云集（或强制性思维）；思维逻辑障碍，如象征性思维、语词新作和诡辩性思维等。

情感活动障碍：多数精神分裂症的患者可能表现出情感反应迟钝，情感活动和心境不协调，不能运用细腻的情感关心亲人，对周围事物和环境缺乏兴趣；少数病人的情感活动受到比较严重的损害，临床表现为情感淡漠或情感倒错。

意志行为障碍：部分患者在疾病早期表现出适应能力降低，社交活动减少。随着疾病的发展，多数患者在幻觉、妄想和言语运动性兴奋症状的支配下，行为活动过度增强。但在慢性期的病人往往出现社会行为的减少和社交能力的退缩。

其他常见的特征性精神症状有思维被洞悉（或内心被揭露感）、被控制体验等。

3. 精神活性物质所致精神障碍

精神活性物质所致精神障碍主要是指精神活性物质使用障碍（物质依赖障碍和物质滥用）和精神活性特质所致的障碍。所谓精神活性物质是指来自体外的可显著影响精神活动的各种物质。一般包括以下几类。

酒精：主要指酒类饮料，包括啤酒、果酒和蒸馏酒（白酒）。

鸦片类：有合法与非法两种，非法鸦片类物质包括鸦片、海洛因；合法物质主要在医疗中用以镇痛、麻醉、止咳，如哌替啶、吗啡、喷他佐辛、芬太尼、阿法罗定、可待因等。

大麻类镇静催眠剂，包括巴比妥类及安定类药物，如可卡因。

酒精与药物依赖可以导致各种精神症状，与精神分裂症很相似，如幻听等，这里不再赘述。

4. 阿尔兹海默病和血管性痴呆

阿尔兹海默病起病潜隐，慢性进行性病程，临床表现为持续性进行性记忆减退和智力减退等认知障碍，伴有言语视空间功能障碍（一种言语、视觉空间功能的障碍表现）、人格改变及情感障碍。早期仅有记忆困难和轻度健忘，病人可保持一定的社交能力，难以早期发现。当环境改变或遇到精神打击后症状明朗化，才引起人们注意。早期表现为近事遗忘和性格改变，再进一步发展会出现理解、判断、计算及智能全面下降，导致患者不能工作或家务，丢三落四，随做随忘，远记忆力也受损。视空间功能也同记忆力一样受损，如在熟悉的环境中迷路，出门找不到家，有的患者还伴有被窃妄想、被害妄想、嫉妒妄想等精神病性症状。

阿尔兹海默病还引起患者人格改变。患者开始时主动性不足，活动减少，孤独，对新环境难以适应，之后兴趣范围越来越窄，对人冷漠，对亲人也漠不关心，易激惹，进而缺乏羞耻感，不注意卫生，甚至发生违法行为。睡眠障碍也是伴随症状之一：晚上睡眠倒错，到处乱走，乱翻东西，喊叫；白天则萎靡不振，瞌睡打盹。

血管性痴呆是指由脑血管障碍引起，以痴呆为主要临床相的疾病名称。早期表现为脑衰弱综合征：头痛、头沉、眩晕、站立时头晕、非旋转性眩晕、肢体麻木、失眠、耳鸣、心悸、注意力不集中、情绪不稳、情感脆弱、记忆力下降等。由于梗塞的部位不同，有多种感觉或运动障碍，较突出的有假性球麻痹、构音障碍，吞咽困难，面瘫，失语，肢体活动障碍，癫痫大发作及大小便失禁等。还有的出现短暂脑缺血发作，并伴有意识障碍或精神症状。

痴呆症状出现的早期患者有自知力，为记忆力下降着急、求治，并采取补救措施，如使用备忘录等。虽然记忆力下降，智力也下降，但生活自理能力、理解力、判断力及人格可保持相当长时间。随着脑血管病的反复发作，痴呆呈阶梯状加重，最终成为严重痴呆。

5. 情感性精神障碍

抑郁心境：抑郁障碍的特征性症状（约 90% 多的患者存在这种症状），情感基调低沉、悲伤、绝望。主诉生活没有意思，病人没有精神，高兴不起来。病人终日忧心忡忡，度日如年，痛苦难熬。在抑郁心境的背景下还可能出现焦虑、激越症状。病人表情紧张，坐立不安，惶惶不可终日。有的病人则表现出明显易激惹性。

兴趣减退：病人不能体验乐趣，兴趣索然，活动减少，体验不出感情，变得麻木等。

精力下降：主观感到精力不足、疲乏无力，日常活动逐渐变得被动。以后越来越无精打采，对衣着小事都感到费劲，丧失主动性和积极性。

自我评价低：病人过分贬低自己，总用批判的眼光和消极否定的态度看待自己的过去、现在和将来，把自己说得一无是处。有极强的无用感、无价值感及强烈的内疚和自责。此时，病人甚至可能出现罪恶妄想、贫穷妄想、疑病妄想或虚无妄想。

精神运动性迟滞：这是抑郁症的典型症状之一。病人的整个精神活动呈显著、持久、普遍的抑制。注意困难，记忆力减退，脑子迟钝，思路闭塞，联想困难。表现为言语减少，音调低沉，行走动作缓慢。

自杀观念和行为：抑郁症患者的自杀率比一般人群高 20 倍，自杀是抑郁症最危险的症状，应提高警惕。自杀连同其亲友（多为伴侣或小孩）一起死于非命者被称为扩大自杀者，在日本可见成双自杀或双亲与小孩扩大自杀。我国扩大自杀者较罕见。

昼夜节律：病人心境有昼重夜轻的变化，这是抑郁症的典型症状。发生率约为 50%。

躯体或生物学症状情绪反应不仅表现在心境上，而且总是伴有机体的某些变化，如口干、便秘、消化不良、胃肠功能减弱等。睡眠障碍也很常见，主要表现为早醒。疾病早期可能有性欲减退，男性阳痿，女性闭经的现象。此外还伴有恶心、呕吐、心慌、憋气、出汗、胸闷等症状，严重者可达到疑病妄想程度。

躁狂状态：躁狂状态的临床症状主要是心境高涨、思维奔逸和精神运动性兴奋。其病可急可缓，以急性起病居多。

心境高涨病人常表现为愉快、乐观、持久的喜悦；自我感觉极为良好，从没有如此幸福、健康，精神从没有如此旺盛；病人兴高采烈，欢欣若狂，情感生动、鲜明、持久，而且与内心体验相一致，故具有感染性，常博得周围人共鸣；有时情绪反应不稳定，表现出明显的易激惹性，难以控制自己的行为。

思维奔逸是指病人联想过程明显加快，概念一个接着一个产生，呈明显言语运动性兴奋，高谈阔论，滔滔不绝，他人无插话余地。病人主观感到自己脑子“非常灵活”“变聪明了”，注意力随境转移，出现观念飘忽和音联、意联，其内容多具有幻想性，不荒谬也不现实。

精神运动性兴奋是指病人主动、热情，好管闲事，喜欢热闹场面；要求多，意见也多；终日忙忙碌碌，片刻不停，表现特别活跃，但往往做事有头无尾，不能善始善终；有的病人行为轻浮，好接近异性；还有的病人终日兴奋，睡眠很少，但面无倦容，精力显得异常充沛。

其他几种常见情感性精神障碍如下。

神经症：神经症是最常见的一类精神障碍。神经症在精神科门诊、心理咨询和心理治疗门诊中很常见，在综合医院的门诊中也很常见。神经症可表现出不同的精神症状，如抑郁、烦躁、紧张、焦虑、强迫、疑病等，也可表现出不同的躯体症状（躯体或器官的功能性障碍），还可表现出行为及个性特征方面的问题。

焦虑症：焦虑症是以焦虑症状为主要临床相的神经症。神经症性焦虑是没有明确客观对象或具体内容的紧张、害怕、恐惧及不安等情绪，不受特定的外部环境所影响。焦虑症患者的焦虑情绪为原发症状，而非继发于其他精神症状。

强迫症：又称强迫性神经症，它是以强迫症状为主要临床表现的一类神经症。强迫症状包括强迫思维和强迫行为（强迫动作）或仪式：强迫思维是指以刻板形式在头脑中反复出现的观念、表象或冲动，强迫行为或仪式是指反复出现的刻板行为。

恐怖症：又称恐怖性神经症或恐怖性焦虑障碍，恐怖症状是其主要临床相。患者对某些客体、处境或与人交往时产生强烈的恐惧，即使所害怕的对象并不危险，患者仍极力回避，以缓解紧张、恐惧情绪。

七、多重残疾

（一）多重残疾定义和分级

多重残疾是指同时存在视力残疾、听力残疾、言语残疾、肢体残疾、智力残疾、精神残疾中的两种或两种以上残疾。

多重残疾分级按照所属残疾中残疾程度最重类别的分级确定其残疾等级。

（二）多重残疾对个体的影响

多重残疾人大多数是残疾程度比较重的残疾者，残疾对他们的影响表现在很多方面，而且千差万别，很难找出共同影响的方面。他们通常会在很多方面表现出显著的障碍或缺陷，比如感知觉、注意、记忆、思维等问题，身体方面的问题，生活自理问题，还有沟通等方面的问题。他们中的多数人需要特殊的服务和帮助，尤其是医疗方面的服务和帮助。

第二节　助残志愿者的心理准备

志愿服务中，有些压力可能很小，出现概率也不高，但是处理不好，不仅会干扰志愿者的心情，影响其服务质量，甚至还影响其个人生活。有经验的志愿者会提前做好心理准备，在遇到困难和问题时，从容应对，自我减压。

一、志愿者的压力

1. 身体方面的压力。连续参加志愿服务身体疲劳；有时候也面临身体不适、忍饥挨饿的境况，加之天气等自然因素影响，境况愈见恶劣；长期从事服务，热情退去，动力渐弱，成就感不如预期，导致身体不适、情绪不佳等。

2. 人际交往方面的压力。参与志愿服务是一种社会行为，要与人合作，与人相处，与人沟通，协调一致。志愿者团队如果不能默契合作，个人的付出得不到团队的理解和支持，有时好心也会遭到误解。缺乏对服务对象的了解，语言沟通的不便，与陌生人交往的不习惯，都可能使志愿者在与服务对象初次接触时忐忑不安，产生本能的距离感。

3. 处理日常生活与志愿服务之间关系的压力。志愿服务可能是比较固定的持续性服务，志愿者还有自己日常的工作、学习和生活，两者之间可能会发生冲突，顾此失彼。志愿者如果不参加服务会感到自己“不守承诺”，在道德上自我谴责；如果参加服务，占用时间过多，家人和朋友会不理解、不支持，常常处在两难取舍之间。

4. 助残知识技能不足的压力。临场服务时由于缺乏专项培训和相应准备，可能在被服务者面前无所适从。

5. 处理突发事件的压力。由于某些不可预见的因素导致的意外、事故、冲突，产生紧张和焦虑情绪等。

助残志愿者不仅要关注残疾人本身，还要关注造成残疾的环境；不但要为残疾人提供直接支持与帮助，更要为改变环境、改善社会对待残疾人问题的态度做出努力。

同时，志愿者还应正确认识自己的责任和义务。

志愿者要敢于担当责任。志愿者即使不收取任何报酬，也要为自己所做的每件事情负责。如果出现差错，要接受批评，坦然承认错误，还要承担后果。

志愿者要做好吃苦耐劳的准备。志愿者工作面对的并不都是热情激动的场面，有时也要面对恶劣天气、连续工作、身体疲劳、感觉孤独、技能不足和不被理解等问题。辛苦是必修课，志愿者要珍惜机会，团结协作，锻炼才干，提升自我。

志愿者要学习必要的服务技能。在服务过程中，志愿者不仅要抱定锻炼自己，获得价值感、满足感、成就感以及宝贵经历的态度，还要学习导盲、推轮椅等助残的基本技能，提高服务水平。

二、应对挫折、自我减压的建议

挫折是指个体在从事有目的的活动过程中遇到障碍或干扰，致使个人动机不能实现、需要不能满足时的情绪状态。心理学研究表明，适度的挫折和压力能使人挑战自我，挖掘潜力，富有效率，激起创造性；而过度、不良的挫折和压力会引起人的负面情绪，甚至引发生理方面的疾病。优秀的助残志愿者需要在服务过程中感受压力，克服挫折，提升心理素质，最终获得成长。只有这样，志愿服务才更加有意义。

应对挫折可以采取以下方法。

1. 将复杂的问题简单化。保持积极心态，学会正确调节自己的心态和情绪，学会正确地分解目标，享受志愿服务的过程，有不愉快的事情要拿得起，放得下。

2. 调整认知。对客观事物与需要的满足做出合适的判断与评价，调整认知，调节情绪。

3. 降低自己的期望值。自我肯定，对他人评价建立自己的定位，对外界“回报”端正态度和认知，降低期望值。志愿服务原本的意义就在于通过服务奉献体会到高尚情怀，通过锻炼获得自我成长，想清楚这个，很多不良情绪就会烟消云散。

4．树立合理的信念。分别列出引发不良情绪的事件和认识，找出对不良事件认识上的非理性观念，通过对非理性观念的认识和纠正，找出合理的观念，就能调节情绪状态。

5．学会控制情绪的方法。如恰当地宣泄或转移不良情绪，进行积极的自我暗示和自我安慰，促进情绪升华。

应对挫折还可以尝试以下方法。

想一想。换个角度想，挫折是对人的意志、决心和勇气的锻炼，是对人综合实力的检验。人经过千锤百炼才逐渐成熟起来，重要的是吸取教训，不犯或少犯重复性的错误。

比一比。及时调整心态，不因小败而失信心，不因小挫而失锐气。要找出自己的优势和特长，想想它们是否得到充分的发挥；找找别人的长处，以取长补短。人生的转折点往往始于失败，挫折使人清醒、冷静、理智和振作，使生命之帆重新扬起。

放一放。如果不是急事、大事，索性放下，不去管它，过几天或许会有更清醒的认识、更合理的打算。重要的是把握好眼前的时光，莫让它白白流逝。必要时可放弃原来的打算，重新安排其他事情。有得必有失，想在方方面面都有建树很难，经过慎重选择后，得到的会心安理得，失去的会心甘情愿，没有紧张和焦虑，没有沮丧和失望。

让一让。常有这样的现象：狭窄的街口或桥头，几辆汽车挤作一团，互不相让，谁也过不去。若有几辆车风格高一点，先退出来，则所有的车辆都畅行无阻。人生也是这样，姿态高一些，眼光远一点，从长计议，不在一时一事上论长短，退一步会海阔天空。

另外，减轻压力主要有三个途径。

一是自我提升。量力而行，饮食睡眠健康，不要延长工作时间，找到压力点，尽量不去挑战力所不能及的事情，始终保持平常心态。强化帮助别人、成就自我的意识，坚持助人自助的信念，寻找在志愿服务中的启发、收获与成长，积累那些感人、动情的瞬间。

二是积极获取社会支持。如同学、老师、家人、朋友等都是社会支持的重要组成部分，当自我感觉压力过大时，与信赖的人多谈心，多沟通，不要隐瞒自己的焦虑。向他人倾诉生活中的烦恼，并且倾听他人的想法，有助于缓解和减少压力。

三是寻求专业帮助。对于人来说，主动倾诉是非常重要的能力。比如向心理咨询师倾诉，一些对同学、老师、家人、朋友等不愿意说的事情，可能跟心理咨询师说比较安心。这种倾诉的过程就是释放压力的过程，同时也可以获得别人的帮助和指导。

三、应对压力的三个阶段

第一阶段，事前做好充分准备。参与志愿服务是一件非常郑重的事情，不能仅仅凭一时热情迸发就全情投入。在决定是否参与志愿服务之前，首先要对自己做一个实事求是的评估。

我为什么来？我准备尝试一下，还是长期坚持？我的目标是什么？我希望得到什么收获？我有什么能力和资源？我能够胜任吗？我还需要做什么准备？

一旦决定参与服务，就要提前做些功课，学习新知识，掌握新技能，树立新理念，随时评估自己的目标，不忘初心才能持之以恒。

第二阶段，事中面对压力，从容应对。保持平常心态，不要担心稍有疏忽可能会伤害残疾人，其实，助残志愿者用对待平常人的方式与残疾人交往是最佳状态。

遇到问题时，志愿者自己首先要做到心平气和、冷静应对、理性思考并积极寻求帮助，在不伤害自己和他人的前提下选择妥善的解决方法。

第三阶段，事后调适，消除不良影响。志愿者应该及时调适，逐渐化解压力带来的对身体、心理、工作和学习的影响，寻求必要的社会支持，向亲友、专业人员寻求帮助，防止压力扩大化、持久化。

不要将志愿服务安排得过于紧凑，志愿者需要必要的休息、放松、调整，这样才能以最好的状态服务残疾人。

同时，要分析压力产生的原因及应对策略的效果，找出经验教训，增强自我信心和提高危机处理能力，以便迎接新的挑战。

某志愿者组织举办了一场助残迎新春联欢会，大家热情高涨，筹备工作非常顺利，一个五星级酒店免费提供场地，一些演艺明星义务参加演出，不少企业捐助餐饮，活动如期举行。遗憾的是，一位志愿者在引领一位视力残疾人入门时，残疾人不幸被转门碾伤了手，而活动组织者没有考虑到这些意外情况，也没有购买保险。虽然这位视力残疾人没有任何埋怨，酒店老总主动承担了医疗费用，组织者也向残疾人朋友当面致歉，事情妥善解决了，但是这位志愿者还是自责万分，心情不快了一段时间。组织者及时发现问题，找到专业的心理老师，经过交流疏导，这位志愿者的心态得到平复，精神面貌改善，又重新活跃在助残志愿服务中。而且他开展助残服务时特别关注安全，想方设法避免意外情况发生。

志愿者遇到挫折和压力是难免的，只要本人对自己的志愿行为高度认同，深刻体会到志愿精神的价值和社会意义，坚持自己志愿公益、服务奉献的信仰，“做平凡事，怀高志远”，认同自己行为的同时，由衷地感到自豪与骄傲，就必定会产生自我激励的力量，从容面对任何挫折与压力。此外，助残志愿者在帮助、支持残疾人的过程中，也会使自己的心灵获得成长，人格更加健全，面对任何人既不妄自菲薄，仰视他人，也不会妄自尊大，俯视任何人。

第三节　构建助残志愿者的支持体系

爱护志愿者、保护志愿者的积极性是志愿者组织的责任，也是全社会的责任。志愿服务需要全社会营造良好的公益氛围，不断完善保障支持系统，建立法制化、专业化、国际化的机制，不断促进志愿者社会地位的提高。

志愿者组织的主要功能并不仅仅是为志愿者提供服务机会，呈现社会服务成果，还是通过组织、培训、服务等方式，促进志愿者提高社会意识和责任意识，提升志愿者个人和团队的专业素质与能力，使志愿者更加关心身边的人和社会公益，在服务中获得更多快乐的体验和人生成长的机会，逐渐将志愿、服务、奉献作为自己生活的一部分。

一名成熟的助残志愿者，既要明确自己的能力、责任和服务目标，也要在参与服务的同时，关注以下有关事项。

一、助残志愿者拥有的权利

1. 志愿者值得尊重。

2. 志愿者的人身安全最重要。志愿者不能从事可能危及自己、他人和社会安全的活动。

3. 志愿者有知情权。志愿者对所从事的志愿服务信息应有全面了解，包括风险程度、服务领域、服务内容、服务对象、服务边界等。

4. 志愿者有接受教育和培训的权利。志愿者不仅有权接受公益慈善、助残理念的教育，在志愿服务前，还有权接受必要的培训，学习履行与服务行为相适应的知识、技能及素质，以便更好地满足志愿服务活动的要求，保证志愿服务质量。

5. 志愿者有优先获得帮助权。志愿者因志愿服务受到伤害或导致家庭困难，应优先获得经济、医疗、法律的帮助。

6. 志愿者有请求解决问题权。在志愿服务过程中，志愿者、志愿者组织、接受志愿服务的个人或者组织在志愿服务活动中如果发生争议，志愿者可依法向人民法院提起诉讼。志愿者组织应当支持受损害的志愿者向有关服务对象追偿损失，并提供必要的帮助。

7. 志愿者有监督权。志愿者有权对志愿者组织章程和志愿服务活动进程，志愿服务经费的筹集、使用和管理进行监督，以保证其合法性和有序性。

二、志愿者组织为志愿者提供的支持和保障

志愿服务机构和志愿者服务的组织，要从促进志愿服务事业长远发展的高度，关心、爱护志愿者，为他们营造良好的社会环境和服务氛围。

1. 对志愿者进行培训、指导和安全教育，提高志愿者自我防范意识，使志愿者掌握必备的自救、自卫知识和技能；

2. 与志愿者个人、志愿者所在单位签署协议，明确双方的权利与义务，志愿者组织应为志愿者购买人身意外伤害险和公共责任险、医疗保险、意外事故保险等；

3. 为志愿者提供支持和帮助，并配备一定数量的专业咨询人员，疏导志愿者的紧张、焦虑等情绪；

4. 完善管理机制，建立必要的系统，明确服务定位、服务内容、服务时间等，协调落实志愿者服务活动，为志愿者提供必要的保障，如工具、交通、餐饮等；

5. 对志愿者进行激励，对其服务活动和项目进行评估。

助残志愿者在某种程度上应该属于专业志愿者的一类，因为在助残服务过程中，需要掌握一定专业知识，因此了解各类残疾人的概念及其特点是必需的。助残志愿者是一项要承受较大压力的服务工作。助残志愿者除了要了解各类残疾人的概念和特点以外，还要在身体、人际关系、助残专业知识、突发事件处理等方面做好准备，并掌握一些简便易行的减压方法。助残志愿者个体在努力践行志愿精神、尽志愿者义务的过程中，要充分了解志愿者应该享有的各种权利和应该掌握的专业技能，以便为残疾人朋友提供有效的服务；助残志愿者组织要从爱护和保护志愿者的角度，努力健全助残志愿者的管理机制，包括助残志愿者的人身安全等权利和必要的专业培训，以及服务后的分享总结等，以促进助残志愿事业的长远发展。

思考题

1. 结合助残经验，简述视力残疾人、听力残疾人、言语残疾人、肢体残疾人、智力残疾人、精神残疾人及多重残疾人的定义和它们所具有的基本特点。

2. 助残志愿者在助残服务活动中可能面临哪些压力？如何减少这些压力？

3. 为鼓励和保护助残志愿者，助残志愿者个体及其组织应如何构建助残志愿者支持体系？

第二章 助残志愿服务的理念与原则

有调查显示，目前多数志愿者服务机构都将助残服务作为重要的服务方向，多数志愿者也非常希望能参与助残服务工作。助残志愿服务不同于普通的志愿服务，具有非常强的实践性，并需要必要的理论指导和专业服务技能培训。成熟的助残志愿者是在服务残疾人的实践中，逐渐培养正确的残疾人观，端正助残态度，提升人道主义精神境界。

本章通过对现代文明残疾人观的阐述及对助残志愿服务基本原则具体事例的剖析，帮助助残志愿者了解他们应该具备怎样的残疾人观，在助残服务过程中应遵守哪些基本原则。

第一节　助残志愿服务的基本理念

要想成为优秀的助残志愿者，需要了解“残疾”现象，了解社会看待这种现象的演变发展过程，用恰当的态度关注残疾人群体，学习掌握必要的助残知识和技能，以准确、体贴的服务照顾好残疾人。

一、了解“残疾”

各个时代、各个国家因为社会和经济发展水平不平衡，对“残疾”现象的理解差异很大，对残疾人的态度也大大不同。

30 多年前，国际卫生组织曾经将“残疾”定义为“由于缺陷而缺乏作为正常人以正常方式从事某种正常活动的能力”。泛指人们出现的各种功能上的限制，可以是生理、智力或感官上的缺陷、症状或者疾病，可以是医学上的身体或精神方面的疾病，可以是长期性的或暂时性的。

目前，我国将“残疾人”定义为“在心理、生理、人体结构上，某种组织、功能丧失或者不正常，全部或者部分丧失以正常方式从事某种活动能力的人”（引自《中华人民共和国残疾人保障法》）。我国目前主要将残疾人分为七类：视力残疾人、听力残疾人、言语残疾人、肢体残疾人、智力残疾人、精神残疾人和多重残疾人。

在原始社会末期和奴隶社会，人们不能正确地认识和解释残疾发生的原因。由于生存能力低下，繁重的体力劳动构成生产力的主体，体壮者被推崇，体弱者被歧视，沿袭生物界的优胜劣汰、适者生存法则。身体羸弱、身体功能不完整而影响创造生产资料的人，即被认为“残疾”，在残酷的生存斗争中处于劣势，甚至被淘汰，古今中外都有处决伤兵的现象。在那个历史阶段，社会生活资料贫乏，没有多余的社会资源可以供应残疾人。

在中国长期的封建社会和半殖民地半封建社会里，迷信思想甚至将残疾看成是“恶疾”，是“天意”，是不祥的象征，是前世作孽的因果报应。残疾人往往被视为“废人”，是家庭和社会的累赘，一直处于社会底层，过着低人一等的生活，备受愚弄和歧视。尽管历代曾有过某些救助残疾人的善言、善举，但并非主流。

在欧洲奴隶社会，残疾人被视为“魔鬼的化身”，即便肉体没有被消灭，生存权也会遭剥夺。直到资本主义萌芽产生以后，人文主义思想家反对剥夺人权的封建僧侣制度，提出自由、平等、博爱的“天赋人权”观念，残疾人的人权才开始得到承认。

第二次世界大战以后，随着社会政治、经济、科技、文化的迅速发展和文明程度的日益提高，残疾人的人权保障受到国际社会的普遍重视。以“平等、参与、共享”为核心内容的现代文明社会残疾人观逐渐形成，并不断丰富和发展。与此相应，看待残疾和残疾人的理论模式也发生了很大的变化。

当今社会人们普遍认为“残疾”是一个相对的概念。随着社会经济的发展、文明的不断进步，志愿者看待残疾人时需要具有开放、动态的意识，这也是现代文明社会对“残疾”现象正确的理解方式。

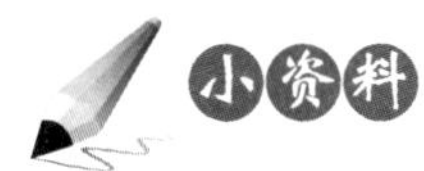

我国残疾人数

根据第六次全国人口普查我国总人口数，第二次全国残疾人抽样调查残疾人占总人口6.34%的比率，以及各类残疾人占残疾人总数的比率推算，我国各类残疾人数量如下图。其中各残疾等级人数分别为：重度残疾人约2518万，中度和轻度残疾人约5984万。

全国残疾人

类型	数量（万）	比例
视力残疾人	1263	14.86%
听力残疾人	2054	24.16%
言语残疾人	130	1.53%
肢体残疾人	2472	29.08%
智力残疾人	568	6.68%
精神残疾人	629	7.40%
多重残疾人	1386	16.30%
总计	8502	100.00%

2011年北京市残疾人占全市总人口的比例为6.49%，全市残疾人总数约99.9万人。其中北京市各类残疾人数量如下。

北京市残疾人

类型	数量（万）	比例
视力残疾人	6.7	6.71%
听力残疾人	22.7	22.72%
言语残疾人	0.6	0.60%
肢体残疾人	35.5	35.54%
智力残疾人	5	5.01%
精神残疾人	7.1	7.11%
多重残疾人	22.3	22.32%
总计	99.9	100.00%

新中国成立后，残疾人在政治上获得了解放，公民权利和人格尊严开始得到承认和尊重。1953 年中国视力残疾人福利会成立，1956 年中国聋哑人福利会成立，1960 年前述两会合并组成中国视力残疾人聋哑人协会。这一时期残疾人的状况与新中国成立前相比，发生了质的变化，但由于历史条件的限制，残疾人工作主要侧重于对残疾人的扶助、收养和救济上，残疾人平等参与社会生活的问题尚未得到应有的重视。“文革”期间，经济建设和社会发展受到严重破坏，残疾人事业也遭受严重挫折，中国视力残疾人聋哑人协会的活动被迫停止。改革开放之后，残疾人事业飞速发展。从 1981 年开始，中国响应联合国的号召，开展了“国际残疾人年”“联合国残疾人十年”等活动，推动了“亚太残疾人十年”活动的开展，1984 年成立了中国残疾人福利基金会。

1987 年之前，我们不确定中国有多少残疾人，推测在 500 万—800 万。当时改革开放才十年，国家的财力、物力还不够殷实，国务院下决心，由民政部牵头开展了第一次抽样调查，发现中国有超过 5000 万的各类残疾人，而且其生存状况艰难。随后党和政府采取积极的措施改善残疾人的状况，成立了中国残疾人联合会，颁布实施了《中华人民共和国残疾人保障法》。近 20 年后，2006 年我国再次进行了残疾人抽样调查，发现残疾人数量继续增加，由原来的 5000 多万增加到 8500 多万；残疾人占总人口的比重上升，从原来的 5% 左右上升到 6.34%；残疾类型结构发生变化，智力残疾发生率大大降低，精神残疾发生率大大升高。

世界卫生组织研究表明，按照 2010 年全球人口估计，全球有超过 10 亿人（或 15% 的人口）带有某种形式的残疾。世界范围内，因为医疗、科技水平的逐渐提高，社会保障的日趋完善，人均寿命普遍增长等原因，残疾人占总人口的比重会不断上升。也就是说，越是发达、文明的社会，残疾人的数量越会持续增加。

人们对残疾人的看法也在发生改变，2006 年联合国《残疾人权利公约》认为，残疾人包括肢体、精神、智力或感官有长期损伤的人，这些损伤与各种障碍相互作用，可能阻碍残疾人在与他人平等的基础上充分和切实地参与社会。

这里的"障碍"（disability，残疾）是指健康状况（伤、病等）和生活的背景性因素（环境和个人因素）间交互作用和复杂联系的结果；是指残疾人丧失机会或受到限制，与环境发生冲突，无法与其他人在同等基础上参与社会生活。

世界卫生组织认为人的健康不仅与生理和心理因素有关，还与社会适应性因素有关。也就是说，不健康的人不仅是由于自身身体结构和功能方面发生损伤，也和社会因素有密切关系。

残疾问题已经被归纳为：社会机制的不够完善，有意无意地对有缺陷人群的限制和障碍（包括人们的偏见、排斥，缺乏计划性的政策，紧缺的帮扶渠道和防护措施）造成了残疾问题；人们行动的限制不是因为身体存在缺陷，而是社会组织的结果，是社会未能提供恰当、充足的资源，未能提供残障人士所需要的社会环境。

国际社会也普遍认为，任何生理缺陷都不应该导致人参与社会的障碍，只有当生理（心理）缺陷与环境、社会对待残疾的态度发生冲突时，才构成对人的障碍，才产生残疾问题。

曾有一位国际友人在观看中国残疾人艺术团的完美演出之后，走上舞台，满含深情地说道："看过你们的演出，我感到世界上没有残疾的人，只有残疾的社会，而人是可以改变社会的。"

二、现代文明社会残疾人观

现代文明社会残疾人观（以下简称"新残疾人观"）是指人们对残疾人和残疾人问题的总看法和基本观点。如何认识残疾人问题，如何对待残疾人，是衡量社会文明进步程度的重要标准之一。新残疾人观是助残志愿者在开展服务之前必须要了解的基本知识，助残志愿者必须要以正确的残疾人观来指导助残服务。掌握新残疾人观，提升人道主义精神境界，是志愿者助残的根本目的。

改革开放以来，我国经济飞速发展的同时，社会也在悄悄发生变革，人道主义思想被重新认识，人们对残疾人的观念发生了巨大变化。

陈旧的观念

陈旧的观念：残疾是病态的，残疾人是不能独立的，只能被动地接受社会和他人的救济，是社会的包袱和麻烦，是只能消耗社会资源的“非正常人”，不能创造物质财富和精神财富。

陈旧的观念：残疾人是由疾病、创伤或健康状态所导致，是需要医疗的群体。依据这种模式，社会活动被分为“正常人”的社会活动和残疾人的社会活动。社会的物质财富和精神财富是由“正常人”的社会活动创造的。因此，社会的教育、就业、文化、交通等领域的设施都是为服务“正常人”而设计的，残疾人不能、也不需要参与到这些领域当中来。唯一的办法就是给予其特殊的服务、帮助、救济和施舍。

陈旧的观念：残疾是个人问题，需要家庭和个人承担因此造成的一切后果。如果个人不能“改变”，不能够通过自强自立克服自身的困难，适应“正常人”的社会环境和行为方式，社会是没有责任的。

有一段时期，“残废”一词盛行于社会中；改革开放之后，社会文明程度大大提升，人们开始用“残疾”取代“残废”；经过多年社会发展，人们的认识进一步提高，“残障”

一词逐渐开始替代“残疾”：一个小小词汇的更替，彰显出社会的文明和时代的进步。

在借鉴国际残疾人运动的先进理念，全面总结我国残疾人事业的实践经验，用现代社会文明、进步、科学的理念正确认识残疾人问题的基础上，逐步形成了以“平等、参与、共享”为核心内容的现代文明社会残疾人观。其主要内容包括以下几个方面。

1. 自有人类社会以来就有残疾人，“残疾”是人类发展进程中不可避免要付出的一种社会代价。

人类文明要发展，就要付出代价，进而使社会服务得到改善，科学技术得到发展，人类文明得到发展与进步。比如20世纪五六十年代，我国流行脊髓灰质炎（俗称“小儿麻痹后遗症”），这是一种病毒侵入到人体内，造成一大批儿童终生残疾，至今仍然是只可预防却难以治疗的顽疾。因为有了这种不幸作为代价，人们开始研发儿麻病毒的疫苗，1957年科学家发明了糖丸，现在的孩子吃一个甜甜的糖丸，就可以终生避免脊髓灰质炎病毒的侵扰。几年前，人类遭遇甲型H1N1病毒，许多生命被摧毁了，但是45天之后，人类就生产出疫苗，没有使更多的人再遭遇致命疾病的袭扰。另外，交通事故造成的残疾，促进了交通法规的完善、交通工具的改进；工伤造成的残疾，推动了劳动安全法规的制定；出生缺陷的发生，促使人们重视优生优育。通过对残疾现象的研究，人们越来越认识到残疾发生的原因和规律，明白采取有效的预防措施，发展科学技术，能在一定程度上、一定范围内预防残疾的发生，控制残疾的发展。

这些因为疾病、意外而致残的人们，承担了残疾所造成的后果，使人类自身不断完善，社会得到发展进步。因此，残疾的发生绝不能认为“谁家有残疾人，就是这个家庭的不幸”，这个家庭的困难和问题理应由全社会来共同承担。我们应当善待残疾人。

2. 残疾人有人的权利和尊严，其公民权利和人格尊严应受到尊重和保护。

经过30多年的改革开放，中国社会发生了翻天覆地的变化，残疾人状况也发生了翻天覆地的变化。残疾人的权利得到了基本尊重和保障，残疾人参与社会生活更加全面，社会对残疾人的恶意歧视越来越少。

在日常生活中，残疾人所要求的权利平等，常常表现为要求机会均等，即在各个方面能够同其他社会成员一样，享有参与社会事务、利用社会资源同等的机会。

残疾人虽然有某种障碍，但也是人类的组成部分，绝不是异类、另类，而是社会多样性和差异性的一种表现。人道主义的核心理念也是我们所认同的，那就是“一切生命都是有价值的，一切生命包括残缺的生命都是有尊严的”。《残疾人权利公约》形成的基本共识也与“平等、参与、共享”的观点一致。一个国家能够充分尊重残疾人的公民权利和人格尊严，是社会文明进步的体现。

助残志愿者应该认识到，尊重生命才能善待自己，充分发挥每个人的价值，自己的价值才能最大化。

3. 残疾人同样具有参与社会生活的能力，是社会财富的创造者，是社会进步的参与者和推动者。

判断一个人的能力，有两种方式：一种是着眼于他具备的能力，他可以干什么；一种是着眼于他缺乏的能力，他不能干什么。关注一个人的长处和优点，忽略其不便、残缺，这就是我们认识残疾人的能力所应有的态度，也是我们具备认识事物较高能力的体现，是社会意识的提高。

胡锦涛同志曾经说过："残疾人也是中国特色社会主义建设的一支重要力量。"联合国前秘书长安南曾说过："漠视残疾人这个群体的潜力是一种最大的浪费。"

虽然残疾使残疾人某些方面的功能受到损害和限制，但是通过提供社会补偿，调动并发挥其自身的代偿功能，扬长避短，就可以使残疾人被损害和限制的能力得到最大限度的弥补，帮助他们以合适的方式认知世界，参与社会，创造财富，达到与健全人同等的程度和水平。事实证明，残疾人身上蕴藏着丰富的潜能，他们同样具备社会参与能力和创造能力。只要社会支持得当、到位，提供了必要的机会和条件，残疾人完全可以同健全人一样施展才能，创造社会财富，推动社会进步，最终的受益者不仅包括他们自己，而且包括其他社会成员。

孙膑两腿俱残，写出了《孙膑兵法》；贝多芬双耳失聪，创作了著名的《第九交响曲》；海伦·凯勒既看不见又听不到，只能靠触觉与外界交流，却写出了一部部感人至深的作品；富兰克林·罗斯福总统坐着轮椅领导美国人民克服经济危机，进行伟大的反法西斯斗争；霍金全身瘫痪，却写出了《时间简史》，走在物理学研究的最前沿。这一切事实说明，身体的残疾不是残疾人参与社会的障碍。

4. 造成残疾问题的根本原因是社会的态度和外界的障碍。

任何人权利的实现和能力的发挥都离不开一定的社会补偿，社会补偿对残疾人尤为重要。残疾对残疾人参与社会生活的影响程度主要取决于外界环境因素。如果乘坐轮椅的人，所到之处坡道、电梯齐全且规范，确保轮椅畅行无阻，那么他们参与社会生活就没有障碍，尽管乘坐轮椅，我们也可以认为他们并不残疾。通过社会补偿，身体缺陷的实际影响变得比人们想象的小得多。相反，如果不提供相应的社会补偿，没有坡道、电梯等设施、设备，障碍就会随之产生，乘坐轮椅的人寸步难行，不能享有均等的机会，权利的实现和能力的发挥受到限制，在社会生活中必定处于弱势和不利地位。

某市公交车上设置了上下轮椅车的装置，消息发布后，一位残疾人兴高采烈地出门，第一次独乘轮椅登上公交车。上车后固定轮椅需要一定时间，停车时间较长，司机要离开驾驶座位，帮助其固定轮椅。期间，一些乘客开始抱怨他耽误了自己的时间，残疾人听后感到浑身不自在，四处投来的目光也不甚友好，从此他再也不乘公交车了。

我们认为，最大的障碍是人们认识和观念上的障碍，而不是物理上的障碍。如果社会对残疾人的态度没有改变，那么社会环境也难以改变。因此，残疾人问题本质上是社会问题，是人们思想认识的问题。解决残疾人问题不仅有赖于国家推进、社会发展，还需要所有社会成员的行动。

5. 消除对残疾人的歧视，促进残健融合，实现“平等、参与、共享”，是全社会成员共同的责任。

残疾人和健全人之间并没有截然分明、不可逾越的界限。世界卫生组织认为，预期寿命超过 70 岁的国家，平均每人有 8 年（11.5% 的生命）是在“残疾”状态下度过。健全人可能因某种原因致残，残疾人也可能通过康复脱残。另外，残疾的标准是相对的，在一国较为宽泛的残疾标准下的一些轻度残疾人或者某些类别的残疾人，在另一国比较严格的残疾标准下就不会被视为残疾人。

我们说残疾人问题关系到全社会所有人，不仅涉及人权保障，也涉及生产力解放和社会和谐。残疾人问题是必须要解决好的社会问题。解决残疾人问题，必须坚持以人为本，发扬人道主义精神，大力发展残疾人事业。这不仅造福残疾人，而且惠及其家庭以及所有社会成员。因为一个能够平等对待、充分接纳残疾人的社会必定是温暖的、和谐的，而这样的温暖与和谐正是我们每个人所期盼的。

6. 尊重、理解、关心、帮助残疾人，是社会文明进步的重要标志。

残疾人问题总是与一定的经济条件和社会发展水平密切相关。解决残疾人问题的根本途径是解放和发展生产力，提升社会的文明水平。经济越发展，社会越进步，越要求发展残疾人事业。

中华民族自古以来就有扶弱、济困、助残的传统美德。《周礼》中有“慈幼、养老、赈穷、恤贫、宽疾、安富”的思想；孔子提出“大同”，主张“使老有所终，壮有所用，幼有所长，鳏寡孤独废疾者皆有所养”；孟子提出“仁爱”；墨子提出“兼爱”，这些思想对后世产生了积极影响，传承至今。

现在，助残的传统美德作为宝贵的精神财富被赋予新的意义，注入新的内涵，在社会主义精神文明建设中得到提倡和发扬，成为现代人高尚的道德情操和现代文明社会残疾人观的重要思想内容。经济的繁荣和社会的进步需要道德的发展和完善。帮助、支持残疾人，是一种文明、高尚的行为，是个人道德的完善和升华，有利于个人实现人生价值，有助于形成良好的社会风尚，促进和谐社会的构建。每一个人都应当尊重、理解、关心、帮助残疾人，广泛宣传人道主义精神，开展助残活动，帮助残疾人解决困难和问题。

7. 残疾人要有自强不息的勇气，要履行应尽的义务，实现人生价值。

残疾人参与社会生活，除了有赖于社会的帮助，也取决于自身的奋斗。残疾人要有求生存、图发展的志气，要履行应尽的义务。

司马迁曾经在《报任安书》中指出:"盖文王拘而演《周易》;仲尼厄而作《春秋》;屈原放逐，乃赋《离骚》;左丘失明，厥有《国语》;孙子膑脚,《兵法》修列;不韦迁蜀，世传《吕览》;韩非囚秦,《说难》《孤愤》;《诗》三百篇，大底圣贤发愤之所为作也。"

人遇到挫折和不幸，往往会被激发出更大的精神力量，突破自我，做出超乎想象的成绩。这是人类共有的精神，残疾人完全可以从内心树立一种意识，将自身的不幸转化为积极的力量，坚持奋发有为，努力参与到社会生活中。

增强自身能力有助于残疾人利用得到的机会，更好地实现个人价值。外部条件再好，如果没有自身的努力，平等参与社会也只能是空话。日新月异的社会对残疾人提出了更高的要求，残疾人要始终保持奋斗精神。残疾人只有乐观进取，不懈奋斗，积极参与社会生活，才能磨炼意志，提高素质，融入社会，展示自身能力，实现人生价值。

作为公民，残疾人同样要遵纪守法，遵守社会公德，增强社会责任感，履行好应尽的社会义务，这也是残疾人参与社会生活的一个重要方面。

8. 残疾人解放是人类文明发展和社会进步的一个重要标志。

在 2013 年全国人民代表大会上，时任国家总理的温家宝同志在政府工作报告中提出，"我们所做的一切都是要让人民生活得更加幸福、更有尊严，让社会更加公正、更加和谐。"

全社会成员都应以更加尊重的心态面对残疾人这个困难群体，理解他们的特殊困难，支持、协助他们克服特殊困难，这是每一个公民的责任。

残疾人解放对残疾人自身而言，是消除障碍，全面发展，实现“平等、参与、共享”；对健全人而言，是消除愚昧、偏见和歧视，实现道德的完善和精神的升华；对社会而言，是追求和谐友爱，实现平等进步。

因此，残疾人解放不仅包含了特殊困难群体的解放，也包含了社会的解放，和民族解放、妇女解放一样，是人类解放的重要组成部分。就其终极意义来讲，是人类从残疾人的解放中获得新的解放。

第二节　助残志愿服务的基本原则

以“平等、参与、共享”为核心的现代文明社会残疾人观反映了当代社会对残疾人问题认识的一个新水平，是人类先进思想文化的组成部分。它为我国残疾人事业的发展奠定了思想理论基础，也为助残志愿者对待残疾人问题、为残疾人提供服务树立指南。志愿者开展助残服务，不仅仅是对残疾人参与社会生活提供辅助和支持，更重要的是要努力消除各种社会障碍，提升自身的道德水平和文明水平，提升自己的社会意识和责任感，进而影响社会，消除社会大众对残疾人的歧视和偏见，使社会更加文明、和谐，这是开展助残志愿服务活动的根本目的。

一、“平等”和“尊重”原则

“平等”和“尊重”是志愿者助残的第一原则。无论志愿者掌握多么专业的技能、技术、技巧，都不如诚挚、自然的真诚尊重更有效。只有对他人饱含情意，服务才能得体，这是助人的核心。

多年来，国际社会对残疾人的描述发生了巨大变化，目前比较常用的是 person first（或者 people first），体现人本原则——Person with Disability。

我们一般使用健全人和残疾人相对应，健听人与听力残疾人相对应，明眼人与视力残疾人相对应；使用“障碍”或者“限制”形容残疾，比如说这位女士有视力障碍，或者视力限制；用“支持”逐渐替代“扶残”“助残”。

一次对外交流活动中，境外残疾人表演完节目后，一位领导上台夸奖道：“你们的表演非常精彩、非常阳光，我们正常人都不一定可以表演得这样专业、这样完美。”话音刚落，一位残疾人举起右手，高声喊道：“我们残疾人也是正常人！”此时这位领导才意识到问题，连声道歉。

志愿者在助残服务时，切忌不经意间彰显自己的善意，忽略了对方的感受。

一个残疾人托养机构成立不久，正在经营困难时，一批志愿者前来服务。看到残疾人生活的困境，了解到管理者的心酸，感伤之余，大家慷慨捐赠款物。这些钱款解决了托养机构的燃眉之急，不少残疾人感激涕零。志愿者们感受到激励，再三来访，每次总会带来一些捐赠的旧的生活用品、衣物、玩具、电器等。对于这些捐赠物品，机构负责人从开始时含泪感谢，之后热情致意，再后来就有些麻木，甚至挑三拣四，拒绝接收一些物品。这让志愿者们很郁闷，难道是他们把对方“惯”出问题了？后来，来到这里的志愿者逐渐减少了。一位志愿者大胆提问，是不是机构现在富裕了，情况好转了，支持机构的人多起来了，看不上他们的支持了。管理者回答说，其实不是，他们每次接到这些志愿者的东西时内心是十分感激的，只是他们回回来送的尿不湿已经堆成山了。管理者们也不愿意在镜头面前“低三下四”，每当这个时候他们内心都很挣扎，想着只当是为了残疾人，牺牲自己的脸面。

志愿者们这才恍然大悟，自此之后，他们到这里服务，绝不带记者，也不带相机；在募捐之前，先了解这里需要些什么，有目标地募集。有一次，志愿者们发现这里的公用洗衣房洗衣液消耗较大，随即便购买了一批洗衣液直接放进洗衣房。这些志愿者满怀善意和理解，做事不张扬的行为，更能体现志愿精神的实质，他们得到的快乐和满足也更多。

“向物不向人”是最佳的服务方式。创造良好的环境，无须人与人之间的出手相助。在残疾人不经意间，志愿者已经清理好道路，打开了大门和电梯，这就是我们所提倡的：**环境对残疾人最少的限制，才是最大的支持。**

如果确有必要身体接触，志愿者也应尽量以残疾人为主动方，从旁协助残疾人完成自己的行为动作。比如视力残疾人拉住志愿者的膀臂行走，肢体残疾人上台阶时志愿者恰好伸出小臂做支撑就足够了。

志愿者永远不可能掌握所有的助残技能和技术，在服务时做到“不知道就询问”，对方一定会详细告知如何辅助。

二、“不接受，不坚持”原则

一些出过国的朋友反映，他们曾经在大街上看见残疾人乘轮椅上坡非常艰难，因此他们不容分说上前就推，结果遭到怒视和拒绝。这些事例说明，助残服务需要尊重对方意愿。

志愿者与残疾人朋友初识，交流时要尽量“忽略”残疾：不主动提及残疾问题，不刻意询问对方致残原因等；不过多注视对方的残疾部位；不过分关注残疾人的不便。面对残疾人，志愿者没有必要过分小心，过分客气，过分注意他们的不同，过分关照，处处体现自己无微不至的呵护。志愿者要保持平常心态，既不疏远冷漠，也不过度热情，更不越俎代庖，一厢情愿地“代劳”。

三、“有求必应”原则

如果残疾人求助，志愿者无论是否可以帮忙，都要给予及时回应，但要注意以下几点。

回应并不是对所有的请求都一一满足。志愿者只能在法律法规、社会道德、个人专业能力以及本次志愿服务的限定范围内为残疾人提供帮助。对于超出范围的请求，志愿者要本着实事求是的原则，思考是否接受请求。志愿者需要清楚自己的服务边界，遇到力不胜任、专业能力不足时，要恰当地表达，转介相关人士协助。

在一个全国残疾人组织的年会上，组织方招募部分志愿者自驾车来往于车站和机场，专门接送残疾人参会。一位志愿者到火车站接到一个残疾人家庭，闲聊中得知他们是第一次来北京，没有到过天安门，没有看过鸟巢，希望志愿者有空能成全他们一游的愿望。这位志愿者满口答应，择日便开车送这一家游览北京，并主动承担了他们一家人的餐饮、门票等费用。但是，这一天的活动没有经过组织方同意，也不是大会安排的内容，期间因为推轮椅不当，将残疾人摔伤，志愿者要承担所有的责任，志愿者负责人也受到大会组织者的批评。

了解残疾概念的历史演变，正确认识残疾人，理解助残服务工作的基本原则，不仅有助于志愿者丰富自身生活体验，还有助于促进残健融合，传递爱心，传播文明，促进社会进步，弘扬中华民族扶残助残的传统美德。助残志愿者需要在助残服务的实践活动中，加深对残疾概念和残疾人的认识，深入理解助残服务工作所应遵循的基本要求，不断提升人道主义精神境界，真正实现助残志愿服务的目标与理想。

思考题

1. 请简要阐述残疾概念的历史演变。

2. 请你结合自己对残疾概念的认识，简要阐述现代文明社会对残疾人的理解与观念。

3. 请结合自身助残经验，简要阐述助残服务的基本原则。

技能篇

我们同行——助残礼仪与技能

2008 年 4 月，北京奥组委举行北京残奥会志愿者培训教学片开拍仪式。按照会议安排，邀请到的明星们都在前排就座，并配有话筒发言。但是轮到残疾人代表发言时，一位视力残疾的学生匆忙中由后排摸索着向前，寻找话筒发言时不得要领，十分慌乱。出乎意料的是，所有明星嘉宾不约而同站起让座，全场哄然，白岩松拍案而起说："我有一个意见，请主办方注意，以后凡是涉及残疾人的活动，请务必把残疾人朋友安排在最重要、最方便、最显著的席位，他们才是主角，我们是来帮忙的，不要刻意安排！"他边说边把那位残疾人轻轻地引领到自己的座位上，并和濮存昕退到最不显眼的后排位子上悄然坐下。

白岩松此举令在场的人议论纷纷，大为感动，他让我们看到一位公众人物对残疾人的基本态度；他在礼仪上的表现也十分周到，为那位残疾人消除了窘迫和紧张，并且又提示了他人，表明了自己的意见，为我们展示了"明星的礼仪风采"。

这看似是一场活动中礼仪方面安排欠妥，其实是体现了一种流行的社会态度。在许多场合中，明星、领导、贵宾常常是我们关注的焦点和重点服务的对象，活动的主角和核心却被忽略了，比如我们举办以帮助老年人、儿童、残疾人、灾区百姓或贫困大学生等为主题的服务活动时，常常会出现嘉宾、领导甚至有钱的老板位置靠前，领导讲话、贵宾发言冗长，主角反而成为配角的情况。为什么会出现这类“喧宾夺主”的现象？有的可能出于无意，有的可能还是我们的意识出了问题。前不久，中央领导在一些场合听报告，都坐在台下，而模范人物、专家坐在台上，让我们感觉这不仅仅是出于礼仪的安排，更是一种意识的转变。意识才是礼仪的核心。

有一位专家说过，当今社会对残疾人和弱势群体的恶意歧视越来越少了，但是因为我们内心的一些文化规训、趋利避害、不完全归纳等原因，微歧视、软歧视比比皆是。我们需要更加艰苦的努力，强化道德建设，改变这种现状。

那天在教学片的拍摄现场，著名演员濮存昕，奥运冠军杨扬、杨凌、王丽萍以及北京电视台主持人春妮儿等在拍摄现场认真地学习引领视力残疾人行走、落座、就餐等技能。每个细节他们都学得认真，用得自如，教学片拍得非常顺利，并在以后的社会宣传中得到广泛的运用。濮存昕曾多次应邀到志愿者培训现场鼓舞志愿者。一次他从外地拍摄回京，一下飞机就不顾疲劳、连午饭都来不及吃，赶到培训现场。这些文体明星在繁忙的工作中挤出时间，一心要为残奥会奉献自己的一份力量。白岩松说“奥运会我是应邀参加，而残奥会我是‘硬要’参加”。从礼仪角度讲，他们用实际行动履行了“言必信、行必果”的承诺，全力支持了残奥会志愿者工作，是

“有礼之士”；从更高层次讲，他们履行了社会义务，是具有社会责任感的“礼仪明星”。 他们用行动最好地诠释了对残疾人的平等与尊重。

赛会结束之后，白岩松发来短信：“残奥会结束了，我们的活儿才真正开始，加油！”在随后的广州 2010 年亚洲残疾人运动会上，白岩松继续实践着他的承诺，充分体现了他对残疾人事业的真诚关注与支持，令人感动！

礼仪的基本原则——“律己”“敬人”

礼仪是人类社会交往中的行为规范，其基本原则就是四个字——“律己”“敬人”，要求大家在人与人的交往过程中先律己、善待人，与周围的人保持友善、良好的关系。同时，我们要发自内心对人真诚相待，推己及人，多替别人着想，使自己更加文明、优雅，不断得到提升。

另外，如果对他人没有真诚、尊重和由衷的关怀，一切形式上的礼仪都将失去真正的意义。为残疾人朋友提供服务不仅要热情周到，还要让接受服务的残疾人朋友感受到温馨和舒心，感受到服务者发自内心的平等和尊重，感受到自己的尊严受到了保全和维护。这样的服务才是真正的人文关怀！

第四章 服务视力残疾人的礼仪与技能

在日常生活中，人们获得的约80%的信息来自于视觉感知，因此视力残疾使视力残疾人在日常生活中受到很多限制。志愿者在为视力残疾人提供志愿服务时，应客观地了解视觉障碍所带来的限制，让视力残疾人朋友得到有尊严的支持与帮助。

本章通过图文并茂的形式详细介绍了服务视力残疾人的基本礼仪以及技能、技巧，可以帮助志愿者更好地理解和服务视力残疾人。

第一节　服务视力残疾人的基本礼仪

“视力残疾人”是正式的、书面的称谓，但是在使用一些约定俗成的专用称呼时，也不一定要拘泥，比如盲人按摩、盲杖、盲人足球、盲人门球等。面对视力残疾人朋友时，直呼其名或者称呼他们的职业名称，如某老师、某大夫等，就非常自然、得体和亲切。

尊重是服务的前提。志愿者在服务视力残疾人之前，要先征得对方的同意，然后再按照对方的希望，实施恰当的帮助。以下几点需要志愿者特别注意。

1. 遇到视力残疾人，在距离一两米远时，志愿者首先应有一个声音的提示或者问候，让对方知道你在附近，根据声音了解你，不必等待他（她）身边的人转达。初次见面，志愿者要主动介绍自己，尽量多告知对方自己的信息，让对方产生信任和亲切感。离开时要提示视力残疾人，避免他（她）认为你仍然在身边，继续与你讲话，之后发现无人而产生尴尬。

2. 志愿者不要在视力残疾人毫无准备时触碰其身体，切勿因为已经认识了，为了显示亲热，就突然大声疾呼或突然握手拥抱，甚至要求对方猜猜自己是谁。

3. 志愿者在握手前应首先进行语言提示，视力残疾人伸出手后，应主动相迎。当两位视力残疾人需要握手时，志愿者要及时引导他们相握。

4. 志愿者初次遇到比较善于言谈的视力残疾人时，应尽量不随便打断对方的谈话，可以用声音回应，细心听取他（她）的谈话信息，了解其需求、喜好和特点，以提供恰到好处的服务。志愿者有事情要离开时，需及时告诉对方。

5. 遇到两个以上的视力残疾人时，志愿者不仅要和认识的朋友打招呼，也要与不认识的人打招呼，如果能叫上对方的名字会更有亲切感。若是和两位以上的视力残疾人在一起谈话，志愿者最好提示正在对他（她）讲话的那一位。

6. 与视力残疾人在一起交流时，志愿者之间不要窃窃私语或者互相用手势交流，以免残疾人产生误解。可以大方地告诉他们，或者直接告辞，到另外的场地交谈。

7. 志愿者引导视力残疾人出行，可不走盲道。引导方式要尊重对方习惯，采用规范的导盲方式，切不可以扶着对方的腰或者拽着其胳膊向前走，也不要牵引盲杖为视力残疾人带路。

8. 视力残疾人的随身手包、小件行李和随身物品一般自己携带，志愿者除非征得视力残疾人同意或者其提出帮助需求，方可帮忙携带。志愿者帮助视力残疾人提拿行李时，要尽量紧随对方，让他（她）感到你就在身边。

9. 为视力残疾人引路时，志愿者要特别注意“避险”，如地毯有卷边，地上有电缆、电线，树枝垂下等，要提示并帮助其避开。

10. 志愿者要当视力残疾人的“眼睛”，但不是替他们做所有的事。要尽量向他们解释你所看到的或他们关心的事务。

11. 若在较空旷的场地、大厅等处，志愿者要离开，暂时让视力残疾人等待一下的时候，一定要让他（她）坐下或者有所倚靠，而不是让他（她）孤身站立，产生无依无靠的感觉。

12. 为视力残疾人开门要完全打开，避免他们因半开的门而碰伤。

13. 为视力残疾人指示方位要使用“前、后、左、右”这类准确提示，如“杯子在你左手边”，“话筒在你正前方”，避免使用“在这儿”“你坐那儿”这类的语言。引领他们就座时要明确地告知他们：请坐在我的左边或右边、前面或后面的位子上。

14. 凡是有视力残疾人在场的会议、活动，志愿者要尽量将现场有多少人、怎样的布局、大致环境等情况介绍给他们。出于礼貌和尊重，在场的主要人员最好做个简单的自我介绍，使视力残疾人可依据声音来认识现场的人员。

15. 在没有得到主人允许时，不要过度关注导盲犬，不要伸手抚摸或逗引，分散导盲犬的注意力，更不要随意喂食。

16. 志愿者陪同视力残疾人去银行或购物时，要让他们自理点钞、签名等事务，除非他们提出需要帮助。

17. 部分视力残疾人有残存视力，并且有时会为了验证自己是否“看”到事物而询问志愿者，这时，志愿者要给予积极回应，鼓励他们使用残存视力。

美国电影《闻香识女人》，剧情大概是年轻的学生查理无意间目睹了几个学生准备戏弄校长的过程，校长让他说出恶作剧的主谋，否则将予以处罚。查理带着烦恼来到退伍军人斯莱德中校（阿尔·帕西诺饰）家中做周末兼职。中校曾经是巴顿将军的副官，经历过战争和许多挫折，在一次意外事故中双眼被炸而失明。他整天在家里无所事事，失去了生活下去的勇气和信心。他准备用尽最后一点精力享受一次美好的生活。他带着查理出游，吃佳肴，开飞车，跳探戈，住豪华酒店……然后想结束自己的生命。查理竭力阻止了中校的自杀行为，从此他们之间萌生了亲如父子般的感情。斯莱德也找回了生活下去的勇气和力量，他在学校礼堂上为查理进行了精彩的辩护，使查理免于处罚。

长期的失明生活使斯莱德中校的听觉和嗅觉异常敏感，他甚至能靠闻对方的香水味道识别其身高、发色乃至眼睛的颜色。其实这都源于他对生活的深刻理解和感悟。

据悉，著名演员阿尔·帕西诺扮演斯莱德中校。为了准确饰演这个角色，他得到了视力残疾人学校学员的帮助。他还透露了自己表演视力残疾人的方法：看任何东西时眼睛都不聚焦。他对视力残疾人如此到位的表演令人叹服，观众们感到他就是一位视力残疾人，这让我们多了一分对阿尔·帕西诺的崇敬。

许多帮助视力残疾人的礼仪细节在这部电影中有所展示，比如，片中查理不经意间碰到斯莱德中校，中校愤怒地训斥查理，告诉他走近时要打招呼，不要突然大声喊他，令他感到惊吓；斯莱德中校还告诉查理，走路时应该是他握着查理的右上臂，而不是查理拉着他走。在与中校的接触中，查理学会了细心而周到地提醒中校，例如，走到台阶边、拐弯处或进车门前，对他加以关照和特别提醒。一次，查理想背着斯莱德中校打个电话，但中校不答应，一定要让他在自己面前打电话。再有，斯莱德中校在与唐娜小姐跳探戈舞之前，让查理将酒店舞池周边情况详尽描述给他听，中校将地形了然于心，舞步自然潇洒自如。

这部电影于1992年就在美国上映，引导视力残疾人的礼仪和技能在影片中被准确地运用，说明这些礼仪和技能早已成为国际上通行的标准。现在，我们应该让更多的朋友了解这些礼仪细节。

第二节　服务视力残疾人的基本技能

志愿者引导视力残疾人行走的技能以及在特定场所对视力残疾人进行辅助的技能，统称为“导盲技能”。

一、引导动作

通常情况下，由视力健全人作为志愿者带领视力残疾人行走是比较安全的方法。

志愿者应先征得对方的同意。然后，志愿者与视力残疾人并排站立，志愿者用靠近视力残疾人的手背，轻触其手背，视力残疾人被触及的手沿志愿者的手臂上移至志愿者的肘关节处，四指在志愿者手臂的内侧，拇指在外侧，轻轻抓握志愿者的肘关节。视力残疾人后退半步，站在志愿者的后侧方，抓握的手臂上臂与身体靠拢，与前臂成直角。当志愿者迈步时，视力残疾人可根据抓握手的感觉跟随行进。

一般情况下，因为我国的交通规则是右行原则，建议志愿者站在左边，视力残疾人站在右边，较安全的一边。

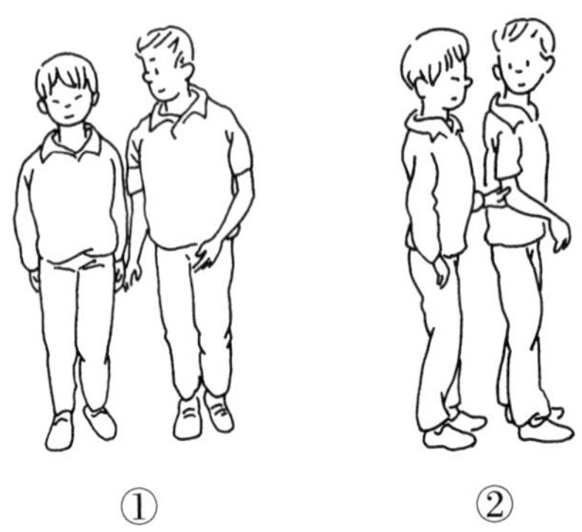

① ②

二、换边动作

当视力残疾人需要从志愿者的一侧移动到另一侧时，有两种方法。以视力残疾人要从志愿者的左侧移动到右侧为例。

逐步换握法：视力残疾人用左手替换下握住志愿者左臂的右手；右手用手背沿志愿者的背部向右移动，摸到志愿者的右臂，同时身体向右移动；左手与右手交换，视力残疾人的左手握住志愿者的右肘部，站于志愿者的右后方。

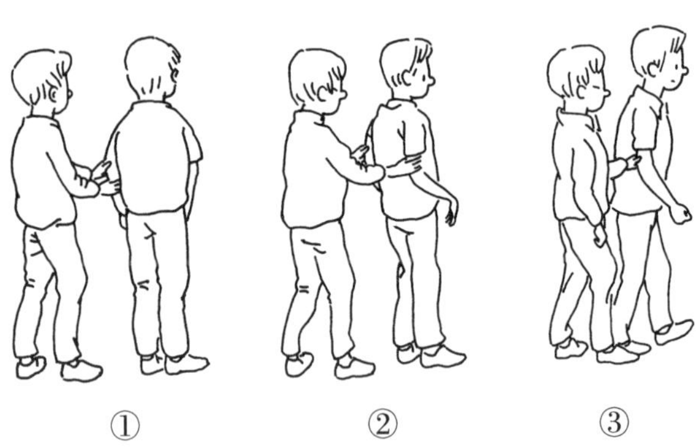

① ② ③

直接换握法：视力残疾人直接将左手从自己的手臂上方、志愿者的背部向右移动，握住志愿者的右肘关节，放开右手，同时身体向右移动到志愿者的右后方。

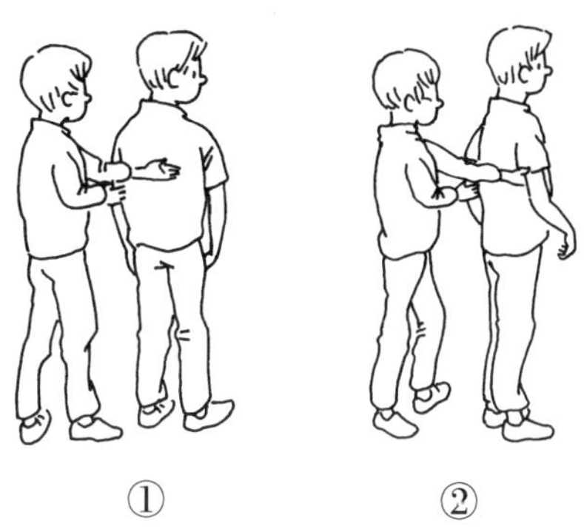

①　　②

三、向后转动作

志愿者告诉视力残疾人要向后转了，并抬起被抓握的手臂示意；两人同时转 90°，面对面站立；视力残疾人用另一侧手抓握志愿者的另一侧手臂肘关节，同时松开最初的抓握手；两人同时再转 90°变成同向，视力残疾人后退半步，站在志愿者的后侧方。

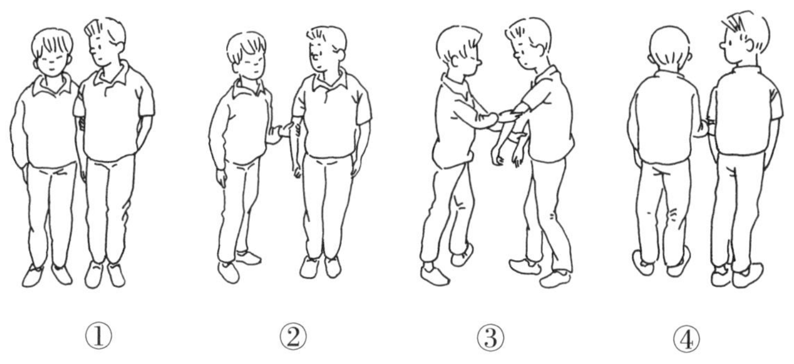

①　　②　　③　　④

四、过狭窄通道

当要通过狭窄通道时，为了安全，志愿者把视力残疾人引导到自己的身后行走，具体步骤是：志愿者将被抓握的手臂向身后弯曲贴于腰部，视力残疾人根据志愿者手臂的变化，将抓握手移到志愿者的前臂，在志愿者的身后行进；当道路宽敞后，志愿者放下弯曲的手臂示意，视力残疾人恢复原来的行走姿势。

五、入座

志愿者把视力残疾人带到椅子的后边，把视力残疾人的一只手放在椅背上，另一只手放在桌边；视力残疾人自己调整桌椅间距离，并确定椅面上没有杂物，自行坐下。

六、进出门

来到门口时，志愿者根据门轴的位置，示意视力残疾人用换边法调整两人的位置，使视力残疾人站在门轴一边；志愿者用被握臂的手摸门把，视力残疾人用门轴侧的手顺着志愿者的被握臂找到门把并握住；志愿者放开门把，由视力残疾人把门打开；过门后，再由视力残疾人把门轻轻关上。

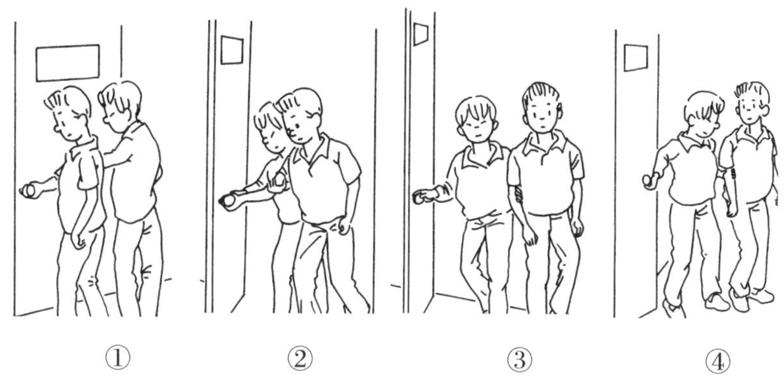

①　②　③　④

七、上下楼梯

走到楼梯口处时，志愿者稍作停顿，语言提示视力残疾人要上（下）楼梯了。视力残疾人上前半步，与志愿者并排面向楼梯站立。

上楼梯。志愿者先一步上楼梯，视力残疾人根据手臂的感觉跟随晚一级上楼梯；当志愿者上完最后一级台阶时要略加停顿，提示视力残疾人还有一级台阶就到平地了；视力残疾人上完最后一级台阶站稳后，志愿者再带领其行进。

下楼梯。志愿者先一步下楼梯，视力残疾人根据手臂的感觉跟随晚一级下楼梯；当志愿者下完最后一级台阶时要略加停顿，提示视力残疾人还有一级台阶就到平地了；视力残疾人下完最后一级台阶站稳后，志愿者再带领其行进。

①　　②

八、上下电动扶梯

来到电动扶梯口处时，志愿者要提示视力残疾人是上还是下；志愿者把视力残疾人的空闲手放在同侧扶手上，先一步上梯，视力残疾人握紧扶手跟随迈步上梯，并调整站立的阶梯位置；当视力残疾人感到扶手变平缓时，略翘起一只脚尖，当这只脚的脚底到达接合处时，向前迈出，另一只脚跟随下梯。

①　　②　　③

注意：如果被引导的视力残疾人从未使用过电动扶梯，建议使用直升梯，以免发生危险。

九、乘车

乘坐小汽车：志愿者引导视力残疾人乘坐小汽车时，要把被握肘的那侧手放在车门把手上，告知其车头方向；视力残疾人一手握住门把手，一手扶着车顶边，把门打开，进入就座，志愿者随后进入并关门。下车时，志愿者先开门下车；视力残疾人一手摸到车门框上边，确定高度后，伸出腿，脚着地后，离开座位下车。

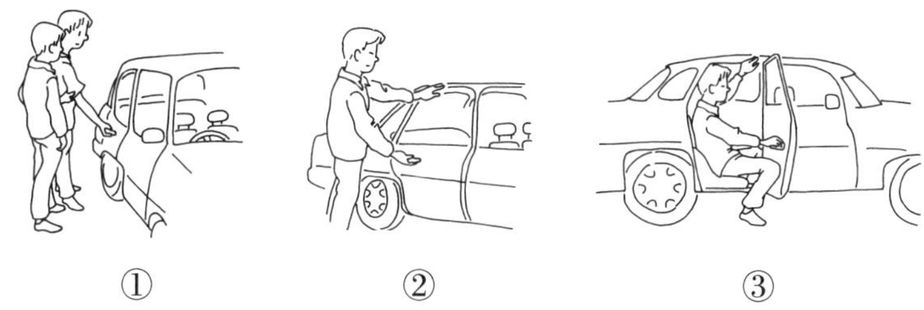

①　　②　　③

乘坐大汽车：志愿者站在视力残疾人前面，引导视力残疾人抓住车门扶手，按照上楼梯的方法上车；上车后，志愿者协助视力残疾人握紧扶手或拉环，以防车辆开动时摔倒。下车时，待车辆停稳后，志愿者站在视力残疾人前面，引导视力残疾人走到车门口，握住阶梯扶手，按照下楼梯的方法下车。

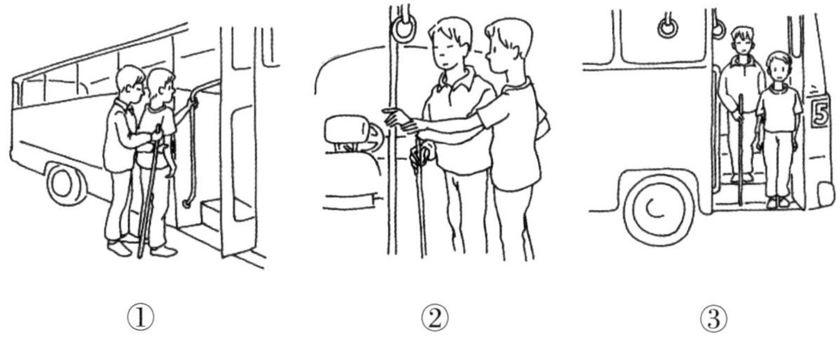

①　　②　　③

十、使用洗手间

志愿者带视力残疾人走到坐便器正前方，让其摸到冲水把手的位置，若是自动冲水的要告知，之后离开。

十一、使用健身房

志愿者带领视力残疾人进门后，按照由近及远、从左到右的顺序大致描述器械布局，特别是类似秋千等有大幅度摆动的器械的位置。视力残疾人在使用跑步机等电动器械时，志愿者在通电前一定要让视力残疾人抓紧扶手，以防摔倒。

十二、观看比赛

体育场馆的看台是阶梯式的，每层一般没有扶手或栏杆，如果观众较多，造成拥挤，视力残疾人可能会成为首先的受伤者。因此，志愿者把视力残疾人带到座位后，要告诉他（她），所处的位置比赛场大约高出多少（可用座位排数说明），离他（她）最近的通道在什么方位，可以扶握的东西在哪里，等等，并让他（她）摸到。

十三、陪同游览

带领视力残疾人游览时，要特别注意安全。要让视力残疾人走在离水边、山崖边、人多的一边远的那边。志愿者要尽可能地把自己的所见描述给视力残疾人听，安全的植物、雕塑或其他允许摸的物体可扶着他（她）的手触摸。另外，可以多招呼视力残疾人拍照留念，之后一定要把照片送给他们。

十四、陪同就医

陪同视力残疾人就医时，要适当描述医生在为他（她）做什么，以便减少他（她）的紧张感；给他（她）的药物要一一说明用法、用量，并让他（她）摸到放置的位置；对特殊药物要特别提醒他（她）服用安全的注意事项。

十五、入住宾馆

志愿者带领视力残疾人入住宾馆时，要告诉他（她）宾馆名称、地址、楼层、房间号、安全通道位置等。最好向服务台要一张宾馆卡片，由视力残疾人随身携带。进房间后，先向视力残疾人描述房间布局，告知其桌上摆放的水杯等物品以及各种电器开关的位置、功能，并让他（她）一一摸到。

宾馆也需要按照视力残疾人的需要，为他们做一些特殊设计，如洗发水和浴液的外观有区别或者有提示标，紧急联系电话最好设置成一键即通模式等。

十六、用餐

志愿者引领视力残疾人用餐时要注意以下几点：

1. 要根据他（她）的需要准备餐具，例如准备一个碗和一把勺，这样饭菜不会杵到桌子上；

2. 帮他们触摸到自己的碗、筷、杯、盘的位置；

3. 先介绍菜肴再进行询问，切忌采取逐一排除的问式："您吃鸡肉吗？您吃牛肉吗？您吃鱼吗？这道菜您喜欢吗？那道菜您喜欢吗？"会让人不舒服。建议采取反问："您不喜欢吃什么？您忌讳什么食品，有什么忌口？"

4. 先夹一两种菜，菜量少一些，待他（她）吃完后，再换另一种，各种菜尽量不要搅在一起，影响口感；

5. 不要让视力残疾人就餐时感到有人在近旁观餐，会有负担，志愿者可以站在稍远处；

6. 为视力残疾人朋友布餐还可采用形象化布菜法，将餐桌上的盘子布为一个钟表，告诉视力残疾人朋友各种菜所摆放的位置，如沙拉在 12 点钟的位置上，烤鸡在 6 点钟的位置上，面包在 9 点钟的位置上等。这样，视力残疾人朋友只要触摸到盘子的位置，便可很容易地取到各式菜肴；

7. 视力残疾人朋友需要与人敬酒、碰杯时，志愿者应及时给予帮助；

8. 视力残疾人吃鸡、鱼等带骨的食物时，志愿者要提醒他（她）注意，避免扎嘴。

十七、购物

引导视力残疾人到商店购物时，志愿者要根据他（她）的要求介绍商品信息，如价格、产地、材质、生产日期、保质期等。尽量让他（她）直接与售货员交流，不要包办代替。要让他（她）亲手摸到所购物品。付款时要让他（她）亲自办理，可以告诉他（她）手中的钱的组成。例如，2张一百元的，3张十元的……购物结束时，可提醒他（她）放好钱包。所购物品尽量由他（她）自己拿着，若所购物品很多，可在征得他（她）同意后帮助拿一部分。

十八、办理银行业务

当志愿者带视力残疾人到银行办理存取款、兑换货币等业务时，要根据他（她）的意愿，提供适当的帮助。点钞、签字等事项要由他（她）自己完成，不要代办。若不能签字可按手印。志愿者可扶着他（她）的手找到签字或按手印的位置后离开，由他（她）自主操作。如果视力残疾人不需要帮助，志愿者要站在一米线外等待。离开银行时，要提醒他（她）把钱、单据、护照等重要物品放好。

十九、应急及安全防护

每一位视力残疾人的残疾情况是不同的，大多都有一些禁忌事项要注意。志愿者要特别注意他们的安全。

患青光眼的人在眼压高的时候，要防止碰撞眼睛，否则有可能造成眼球的破裂；患白化病的人要防止在烈日下暴晒，以免患日光性皮炎；患视网膜脱落的人要防止头部的震动，以免加剧视网膜脱落。

当发生拥挤时，志愿者要让视力残疾人抓住墙壁、扶手等安全设施，顺人流沿边走，千万不要蹲下，防止摔倒、被踩踏等；当发生火灾时，志愿者除了按规范的逃生规则做外，还要帮助视力残疾人扶到墙壁、扶手等安全设施，让他（她）弯下身子，用湿布捂住口鼻，沿边逃生。

志愿者保护好自己的安全是保护视力残疾人的前提。在逃生过程中，要尽量让视力残疾人感到你在他（她）的身边或附近，用身体或语言引导他（她）脱离险境。

了解服务视力残疾人的基本礼仪，可以使志愿者与视力残疾人能够更加互相尊重，提高交往的效率和质量；志愿者熟悉辅助视力残疾人的基本导盲技能，可以使视力残疾人朋友在现实生活中更愉悦地接受帮助，或者更优雅、更有尊严地参与社会生活。多数视力残疾人因为视觉的限制，一般都不便于主动与人交往，因此，志愿者应该努力“换位思考”，理解他们现实生活中的实际问题和真正需求，为视力残疾人提供实际、有效的志愿服务。

思考题

1. 请根据视力残疾人的特点，阐述在与视力残疾人交往时应注意哪些基本礼仪。

2. 请阐述志愿者应熟练掌握服务视力残疾人的哪些基本导盲技能。

3. 请结合自己助残志愿服务的经历，谈谈应如何有效地帮助视力残疾人。

第五章 服务听力、言语残疾人的礼仪与技能

听力、言语残疾人比较活跃，他们参与社会的热情和积极性非常高，但是因为交流的障碍，他们难以与健听人建立顺畅的沟通，经常会“自成一体”。因此，志愿者在与之交往过程中，应熟悉他们的特征和个性差异，了解其实际需求，提供得体、适当的服务。

本章通过详细介绍服务听力、言语残疾人的基本礼仪以及使用体态语和手指语的基本方法，可以帮助志愿者更加深入了解听力、言语残疾人，为助残志愿服务奠定基础。

第一节　服务听力、言语残疾人的基本礼仪

听力残疾人因为交流的障碍，很难与健听人沟通，所以他们经常自成一派，彼此之间联系紧密。志愿者在与听力残疾人沟通时要遵守四个重要原则。

原则一：注意环境

沟通时要尽可能近距离地和听力残疾人交流，打招呼时轻拍其肩，问一问最合适的沟通方式是口语、书面语，还是手语。听力残疾人一般都很乐意告诉对方自己感觉最好的沟通方式。对于使用口语的听力残疾人，包括善于读唇语的朋友，志愿者应尽可能保证面对对方，口型正确。如果对方露出疑惑表情，还需要询问对方自己这样说话是否听得清楚，如果对方不解就要重复表达。

沟通时要相互平视，背对着听力残疾人大声叫他的名字肯定无济于事。尽量避免在逆光、嘈杂、人多移动的环境下交流，多注视他们的眼神和手势（如果看不懂他们的手语，可进行笔谈）。沟通时全程望着对方，特别是眼睛。由于听力残疾人只能用眼睛来“听”，他们开会时也不会一边“听”一边写笔记，所以他们的注意力都被训练得非常集中，完全集中在对方身上，并清楚记得、明白讲者的

“谈话”内容。

原则二：注意“聆听”

志愿者与听力残疾人交往时，可以充分使用肢体、表情、眼神等方式沟通。一般来说，身体正面相对、微微前倾，关注的眼神，倾听的姿态，或者一个招手的动作，都可以表达愿意与对方交流的态度，达成交流沟通的基础。千万注意不要手舞足蹈，大声喊叫。面对多位听力残疾人时，应面对对话目标，目光对视，用心、用眼去“聆听”（感知）对方表达的内容。聆听既是重要的社交技巧，也是志愿者助残服务必须掌握的技能。

诚恳是与听力、言语残疾人沟通的根本。它不仅能使服务对象心情舒畅，也能使志愿者心情开朗而平静，消除志愿者与残疾人之间的陌生感，拉近彼此之间的距离。

对话时不打岔。听力残疾人会依循严格的礼仪程序，当一个人“说”完，另一个才“说”，表面看沟通的效率好像很低，但实际上这样可以减少误会并确保双方了解各自的意思，相比你我大家争相发言，听力残疾人能更快达成共识。

原则三：有话直说

与听力残疾人沟通时内容要尽量简单。这也是因为手语始终有局限，听力残疾人只能把自己真实的想法用最直接、最简单的方法表达出来。因为文字更加准确，所以发短信、手写交流时志愿者要多使用书面语，注意言简意赅、直截了当和文明礼貌用语，不必“委婉”，避免用晦涩、幽默或说反话等方式与他们交流，免得引起误解。

原则四：不懂就问

手语仍是不断发展中的语言。当听力残疾人不明白对方的时候，他们会立即说不明白，不会感到不好意思。不像我们，有时候怕其他人认为自己无用、无知，不敢轻易承认自己有不明白的地方。

听力残疾带来的是隐性信息缺失，在人际交往过程中存在“看不见的障碍”，非常容易被忽视。不少场合许多人谈笑风生，听力残疾人却一头雾水，甚至无趣独处。志愿者应当在情感上、信息上给予支持，主动为听力残疾人解释或者翻译周围发生的事情，以各种方式及时将大家交谈的内容或者话题梗概转达给他们，使其有参与感，免得引起猜测或误解。健全人频繁地窃窃私语或者转身相背，都会引起听力残疾人的误解。

许多言语残疾人在听力上没有障碍，志愿者为他们提供服务时，要保持礼貌，带着真情使用文明用语，这样做不仅会拉近彼此之间的距离，彰显自己的修养，还会提升服务的成效。

恰到好处地向言语残疾人表示亲近友好之意，以认真的态度主动关心言语残疾人，是建立良好沟通的基础。

志愿者要尽量记住言语残疾人的姓名，这意味着对言语残疾人的重视。

志愿者要善用言语残疾人的尊称，称呼恰当，使用文明用语。“您好”“请”“谢谢”“对不起”“再见”等，应当是志愿者习惯的用语。选择符合言语残疾人的身份，对方可以接受的尊称，比如适合其年龄、职业、性别、长幼、国籍等称呼，要准确、恰当。切忌直呼“喂”“哎”，或使用不恰当的代称，如“下一个”“老头儿”“某某号”等。

助残志愿者与言语残疾人交往时，在用语方面要注意措辞的修饰性。例如，有的无喉者掌握了食道发声的方法，但其发声频率低，说话时个别字可能发音不准，志愿者若没有听清楚，可以说“请您重复一遍好吗”，不要说“你好好说，再大点声”。

另外，志愿者在服务中说话要语音标准，语调柔和，语速适中，语气谦恭；注意聆听，不要重复言语残疾人的话，避免对方误会你在模仿他（她）的言语方式。

不露声色、不留痕迹的恰当帮助使双方都轻松愉快，是礼仪的最高境界。

第二节　服务听力、言语残疾人的基本技能

学习运用体态语言

人们在交往和信息传递中，主要使用口头语言（即我们所说的话语，是通过耳来接收的）和体态语言（是通过眼来接收的，也称为“可视语言”）。体态语言是指人用来传递信息、表达感情、表示态度的非言语的特定身体态势，包括眼神与表情、形貌与服饰、身姿与动作所产生的具体意义与象征意义。例如，我们常说的“摇头不算，点头算”，就是用摇头或点头来表达同意或不同意的信息。不同的体态语可以表现出人们不同的心理特点、精神状态和思想情绪。

任何语言的口语都难以像体态语那样，把人复杂多变的感情表现得那样真切、直观和形象。在一般情况下，体态语是配合口语发挥交际作用的。人们在运用口语表述思想的时候，往往同时运用体态语配合着对同一思想的表达，这样能够加强语势，使语言表达得强劲有力。

在有些情况下，体态语可以被单独地用来交流思想，如在口语听不懂的情况下，可以用体态语交流思想；在不便于用口语表达的

情况下，可以用体态语表达思想；在口语表达听不清的场合中，可用体态语示意；在与有语言障碍的人交往时，可以用体态语交流。自然适度的体态语言应该符合要表达的内容，符合生活的美学情趣，是理、情、仪三者的和谐统一。

体态语言的运用贵在自然、适度，情之所至，动作端庄、高雅。

1. 微笑。微笑表现友善、谦恭、渴望友谊的美好情感，是向他人发射出理解、宽容、信任的信号。微笑是缩短人与人之间距离最快捷的方法。正如罗杰·E·艾克斯泰尔所说的:“有一个世界通用的动作，一种表示，一种交流形式，它存在于所有的文化与国家中，人们不分国别、不分种族地使用它，并理解它的含义。它可以帮助你与各种关系的人交往，不论是业务伙伴还是朋友。它是人们交流中唯一最有用的形式，它就是微笑。”真诚的微笑是发自内心的。礼仪的微笑要注意声和形的适度，包括眼、嘴、唇的角度。

2. 视线。停留在双眼与嘴部之间为社交注视，这是常用的视线交流位置；视线停留在对方前额的一个假定区为严肃注视，这种注视造成严肃的气氛；视线停留在两眼与胸部之间为近亲密注视；视线停留在两眼与腹部之间为远亲密注视。运用后两种注视时应特别注意，不要造成误会和消极影响。

3. 手势。手势是指通过手和手指来传递信息，包括招手、摇手和手指动作等。手势在日常交流中使用的频率很高，范围也很广。手势动作的准确与否、幅度大小、力量强弱、速度快慢、时间长短等都是有讲究的。不同国家、不同地区、不同民族，由于文化习俗的不同，即使是同一手势，表达的含义也不相同。现在我们介绍几种常用的手势。

竖起大拇指，一般表示顺利或夸奖别人。但也有很多例外，这种手势在美国和欧洲部分地区表示要搭车；在德国表示数字“1”；在日本表示“5”；在澳大利亚则是表示骂人；在尼日利亚等地，这个手势被认为非常粗鲁，因此必须避免这么做。

OK 手势，即将拇指、食指相接成环形，其余三指伸直，掌心向外。这种手势在美国表示“同意”“顺利”“很好”的意思；在法国表示“零”或“毫无价值”；在日本表示“钱”；在泰国表示“没问题”；在巴西、俄罗斯和德国则表示粗俗下流。

V 形手势，即食指与中指伸直分开，手指背向自己，其余三个手指屈向手心。这种手势源自英国，由二战时的英国首相丘吉尔首先使用。因为 V 字在英文中代表了胜利“victory”的第一个字母，所以丘吉尔以 V 向人们表达了胜利欢欣之意义，现在已传遍世界。但是，如果将掌心向内，就变成骂人的手势了。

举手致意，这种手势一般用来向他人表示问候、致敬、感谢等，也叫挥手致意。当你看见熟悉的人又无暇分身的时候，就举手致意，可以立即消除对方的被冷落感。但要注意掌心向外，向着对方，指尖朝向上方，千万不要忘记伸开手掌。

点头和摇头，在世界大多数地方，上下点头表示“是”，左右摇头表示“不”。然而在保加利亚，习惯刚好相反：他们上下点头表示“不”，而表示“是”则左右摇头。

4. 身姿。身姿是一个人的思想情感与文化修养的外在表现，主要体现在走路姿势、站立和坐的方式上。不同的步姿、站姿、坐姿可以表现出不同的精神状态和思想情绪，与人的眼神、话语、笑容一样，能展现人的内心世界和文化修养。志愿者要有自我约束的意识，站如松（挺），坐如钟（端正），行如风（快而有力）。

5. 身体接触。人际交往中常用的身体接触或触摸行为主要有握手、亲吻、拍肩、牵手、拥抱、拥肩、挽臂等。身体的接触行为体现着十分明显的文化差异。不同国家、不同地区、不同民族有着不同的风俗习惯，各自的身体接触行为大相径庭。例如，西方国家熟人在大庭广众之下拥抱、亲吻是习以为常的事，而东方国家的人则不太习惯这类行为。

身体接触也有着行为规范。不要贸然与人握手，交叉握手，长时间握手。在对方正与别人握手时凑上去握手，该出手时慢腾腾，或者该先伸出手时不伸手等，都是不礼貌的。另外，握手时的神态也非常重要，目光游移，心不在焉，看着第三者握手，都是不礼貌的表现。

小兰幼年时因病致聋，经过一段时间的聋儿语训和康复治疗，恢复了部分听力，可以借助手语与人交流。小学、中学以至大学都在普通学校就读。她能够顺利地融入社会得益于家长、老师和同学们一直以正确的态度看待她，不把她当作残疾人，并发现她绘画的潜能，鼓励她在这方面发展。小兰如今在特教学校教书，她的成长经历再次证明，如果家庭与社会的支持到位，残障带来的参与受限就不成问题。残疾人同样可以凭借自己的优势服务社会。

志愿者与所有残疾人交往时都需要树立正确的观念。志愿者先有正确的态度，才有助于增加对残疾人的情感、对残疾人差异性的理解和接受，有助于建立良好的人际关系，服务行为更恰当。

学习一些手语

助残志愿者要掌握一点手语。手语的学习与运用，不仅在于掌握一种语言，其深层意义在于使健听人与听力残疾人两个群体可以真正用心交流，使健听人群体用手语了解、走进听力残疾人群体的内心世界。当听力残疾人群体看到我们准确、熟练地打手语时，他们接受与感动的不仅是我们，更是整个世界。

学习手语，方便与听力残疾人朋友交流。但是掌握手语是一个较为长期的过程，初学者与残疾人交往不多，在一些手语的运用上要严谨，注意分寸，还要注意手语的准确性和表情的配合。

有志于学习手语的志愿者，开始时就要尽量规范、标准，可能的话要尽量交往一些听力残疾人朋友，在与他们的沟通实践中多多磨炼。志愿者一时不能掌握丰富的手语，可以先学习一些简单的手势，比如竖起大拇指是“你好”；大拇指面向对方，重复弯曲两次是“谢谢”等。不要用单指直接指向某人。

一般有听力残疾人出席的会议或活动，需要有专业人士或者有专业技能的手语志愿者担任翻译。手语翻译站在或者坐在合适的地方，既不要遮住讲话人，也要让残疾人容易观察到。手语翻译要做到仪表端庄大方，服装与背景有反差，不戴手套和明显的首饰；精神饱满，动作潇洒，用自己真诚的情绪感染大家；手势尽量干脆利落、清清爽爽，不拖泥带水、马马虎虎；用词和手势注意适合当地听力残疾人的习惯；不分神，不随意停止，更不随意挖耳朵眼、剔牙齿、搔痒等。

听力、言语残疾人在分类上属于两类残疾人，由于他们的主要困难都是沟通方面的困难，因此我们将两类残疾人放在一起阐述服务技能。但是在具体的服务过程中，还需要具体考虑各自不同的特点，以便被服务对象能够在被充分尊重的基础上，在轻松、和谐的气氛中得到适当的服务。

思考题

1. 请根据听力、言语残疾人的特点，阐述志愿者在与其交往时应注意哪些基本原则。

2. 基本的体态语有哪些？在与听力、言语残疾人交往时如何运用？

3. 志愿者使用手语时应注意哪些问题？

4. 请利用业余时间学习一些日常手语。

第六章 服务肢体残疾人的礼仪与技能

在物理环境无障碍和社会环境无障碍的前提下，肢体残疾人相对来讲存在的困难较少。现实社会中，许多肢体残疾人都具有积极向上的精神状态，积极参与社会生活，热心社会公益，乐于帮助他人。志愿者为肢体残疾人提供服务时，要切实考虑不同的残疾状况和不同的个性需求。

本章从理解与平等的哲学高度，详细介绍服务肢体残疾人的基本礼仪以及在不同环境下协助较重的肢体残疾人朋友使用轮椅的基本方法，可以帮助志愿者进一步理解肢体残疾人以及帮助他们的基本礼仪和技能。

第一节　服务肢体残疾人的基本礼仪

人与人交流与沟通的过程，本质上是自我成长与自我突破的缩影。在与残疾人的交流过程中，一些志愿者认为残疾人在某些方面比较敏感，因此志愿者自己就表现得格外谨慎小心，其实大可不必。与残疾人沟通时，志愿者要注意以下两点。

第一，志愿者必须自问：是否已经把自己和残疾人区分开？是否感觉不同？是否认为自己是健全人，面对残疾人有着过多的怜悯与同情，从而忽视残疾人的能力？一般人容易用异样的眼光看待残疾人，志愿者在与残疾人接触时，有时认为“他是弱者”或“他一定需要我的帮助”，这些想法会忽略了残疾人自身的能力。过分的区隔会潜移默化地影响交流的品质，造成沟通的障碍与局限。这是一种心理制约。因此，志愿者应做好的与残疾人沟通的第一个前提准备是：不要受自己的心理制约，突破自我的局限，平等与他们交流。

第二，积极乐观的心态是沟通的另一个前提条件。人在有安全感或喜悦的时候才愿意敞开心胸，乐于接纳，这个时候的沟通往往是最有效的。不论是与健全人还是残疾人沟通，人是可以被感染和引导的。志愿者是正面地看待残疾人的优势，还是在他们身体的问题上打转？一个人的心态会直接影响交流的品质。当你以欣赏的眼光看待对方时，就会发现对方许多的优点。志愿者在开心快乐、没有心理负担的心态下服务残疾人，不但可以提升自己解决问题的能力，而且可以调节整个团队的氛围，情绪也会互相感染，从而造就服务的最有效条件。

一、称呼文明

在书面语中，应使用“肢体残疾人”或“肢体残障人士”。

即使是非常熟悉的人，也绝对不要称呼肢体残疾人为“跛子”“瘸子”“瘫子”，不要开类似的玩笑。

初次见面时要注意称呼的口气和语调，要亲切、亲近，彬彬有礼。

服务境外残疾人时，要充分考虑服务对象的国籍、民族、宗教等社会文化背景，一般可以按照国际习惯在直呼其名时冠之以“先生”“女士”“太太”“小姐”，或者使用本人告知的昵称。

二、目光真诚

以真诚、真情与残疾人交往，就可避免同情的心态、怜悯的眼神。许多肢体残疾人或是肢体不完整，或是因残障而行动艰难，一些患有脑瘫的残疾人甚至不能控制自己的身体，他们的体态、语言和行为方式都非常特殊，志愿者可能从来没有遇见过，但一定要调整好自己的心态，坦然面对。

一是要用真诚的目光看对方。千万不要一看见残疾人就显示出惊讶或好奇的样子，甚至被其意外的身体形态惊呆，显出拘谨甚至害怕的样子。

二是微笑面对，不要长时间盯住对方残疾的部位。

三是不要上下端详、打量肢体残疾人。这样看起来似乎在寻找他（她）还有哪里残疾，无意间给对方制造压迫感，拉大了与服务对象的感情距离，给志愿服务制造出隔阂与困难。

四是要以积极接纳的态度，用残疾人的顽强精神激励自己，由衷地欣赏他们身上展示出的优秀品质和才华，这样才能发自内心地尊重他们，进而做到帮助得法。

三、交流自如

志愿者与肢体残疾人初次见面时，除了要特别注意回避与其生理缺陷有关的词语和内容，一般也不要主动谈论其肢体残疾原因、治病经历等这类直接涉及残疾的话题。

与坐轮椅的残疾人交谈时，对话时间若超过了一分钟，志愿者最好坐下来，或者采用蹲姿与其谈话，此时双方的目光基本在同一水平线上。

不要拍轮椅使用者的头或者肩，不要用居高临下的方式向他们表示友好。

不要倚靠肢体残疾人士的轮椅或其他辅助设备，以免使轮椅移位。

没有征得同意，不要帮助他们推轮椅。

没有征得同意，不要与肢体残疾人一起合影，尤其要避免对其残障部位做特写拍摄。

第二节　服务肢体残疾人的基本技能

志愿者要让自己提供的帮助获得残疾人的认可，需要掌握一些基本技能和技巧。

一、基本服务技能

1. 尽量让肢体残疾人做力所能及的事。肢体残疾人表示不需要帮助时，志愿者不要强行前去帮忙，要只做辅助支持，尽量不干预。比如拄双拐的残疾人行走或上下楼梯时，志愿者贸然扶一把容易使其身体失去平衡，帮倒忙，显得尴尬。

2. 助残服务最好是“向物不向人”。在肢体残疾人还没有注意到门的时候，志愿者已经打开了大门，创造了良好环境，肢体残疾人可以自行出入。

肢体残疾人都有一定的自理能力，他们更愿意自主料理生活。比如，为上肢损伤和截肢者服务时，志愿者需要观察、了解他们的习惯。单臂与双臂的截肢者的需求就各不相同，有的可以用嘴和单手协助穿衣和系鞋带。即便双臂缺损的残疾人，也可以自己自助独立地处理生活问题，只是我们在发现有些没有完全处理好的细节时，应给予其提示，如上衣是否需要舒展，鞋带是否需要系好，所带的用品是否需要帮助拿放等。

许多失去双臂的残疾人在长期实践中练就了一套独特的生活自理方法，比如就餐时，除非他们提出具体的求助方式，否则志愿者只要询问他们需要什么餐具即可，切忌直接喂他们吃东西。

3. 保护他们的隐私和习惯，特别是在更衣、如厕时，有的肢体残疾人可能因后遗症大小便失禁，使用尿不湿；有的脑瘫患者言语不畅，沟通困难；还有的我们不知道会有什么特殊需要：志愿者只有在得到他们的同意后才可以给予恰当、适时的帮助。因此，志愿者需要随时做好准备，一旦他们提出求助请求要尽力相助。

4. 引导肢体残疾人或脑瘫残疾人行进时，速度要缓慢，要特别注意路面的情况，当路滑或有水时要给予提示。肢体残疾人上下台阶时，如果他们同意，志愿者就伸出一只手臂，让对方以主动的方式扶住自己，随时可以放开，比较恰当。走平路时志愿者应主动走在残疾人侧前面 1.5 米左右。上坡道时要缓慢，走在他们的侧后和不方便的一侧（保持一定的安全距离）。与有助行器（单拐、双拐或手杖）的残疾人同行、上楼梯或乘滚梯时，最好走在他们前面，不要让他们有紧迫感。如果为了方便照顾，也可在征得同意后，陪伴在适合的位置。随行单手使用器械（如拐杖）的残疾人时，可搀扶其不用器械一侧的手臂，必要时经残疾人同意，可以协助其完成坡道和较窄通道的行进。

5. 学会以“我”字开口。在服务时，“我能为您做点什么”比“您需要帮忙吗”容易让对方接受。

当双方出现误解或沟通障碍时，尤其是情绪发泄（抱怨、愤怒等）状态下，双方都会表达出指责与不满。当把“你”作为开头时，说话者心中的指责意味表露无遗，促使对方急于为自己辩护，自己把沟通大门关闭，从而引发争执。因此，在提到自我感受的时候，要注意“我”的运用，如果将“你”调整为“我”作为主语，将会带来不同的结果。这样会准确地表达出自己的感受，引起正向注意，让对方不会有被批判的感觉，促使双方开始沟通。

在这个基础上可以融入表达的技巧，体会对方的情绪、情感，描述对方的行为、你对他行为的想法、你的感觉、对方的行为对你造成的影响等。志愿者诚恳的态度容易获得服务对象的认可。比如，我觉得你是不是挺着急的？什么事情（谁）让你不高兴了？我觉得挺难过的，是不是还有什么办法？

6. 志愿者无论是到家中或者是宾馆，造访重度肢体残疾人一定要提前预约，事先征得对方同意。因为许多残疾人在没有佩戴假肢、支具或没有乘坐轮椅时，行动非常不便，意外来访会给他们带来压力或尴尬。

7. 约70%—80%的脑瘫患者伴有不同程度的语言困难，志愿者在服务时，需要掌握一些特殊技能与方法，通过书写、手势、提问等方式来与之交流。例如，对伴有语言沟通困难的脑瘫患者，志愿者可以呈现图文对照的交际板或手册，让语言困难者指点图或字或拼出单词以表示自己的意思。严重的脑瘫患者即使不能用手指点，也可用牙咬住一根小棍指点或用眼睛注视所需之图，用眨眨眼睛表示肯定等方式交流。或者志愿者事先对一系列需求信息进行安排，每次提出一个问题，如“要喝水吗”或“要到外面去吗”，语言困难者可以用预先商定好的信号作答，如以点头或握拳表示同意，摇头或伸开手掌表示不同意。若对方听不懂问话时，也可用卡片提问。志愿者还可以利用简单明了的手势动作符号与语言困难者进行沟通，如用手做拿杯子喝水的动作、擦汗的动作，对方也能懂得。

8. 志愿者在服务过程中与肢体残疾人逐渐熟悉起来，并且成为好朋友。双方要用积极的情感相互影响，以情养情是培养情感最有效的途径。志愿者要从肢体残疾人身上发现顽强奋斗的精神，自己也要用积极向上的情感来感染肢体残疾人朋友。

如果需要提醒对方时，尽量采用积极、正面、鼓励的方式。比如，一些下肢残疾程度较重的朋友，坚持不用拐杖或轮椅，行走十分费力，不仅艰难与痛苦，还会有身体的损伤，随着年龄增加残疾会逐渐加重，志愿者与之相伴时可建议他们使用拐杖或轮椅，一是为了保护残肢，避免过度负重，二是举止上也显得更加文雅。志愿者可以多多夸奖对方举止恰当，比如“你坐在轮椅上，显得很精神”，“穿这条长裙（或长裤）让你显得更潇洒”，“架上这支拐杖我觉得你很挺拔”，“这件稍长一点的上衣比上次你穿的短上衣更优雅，面料也软，架上拐杖是不是更舒服一些”。总之，正向赞许比批评挑剔对方效果更佳。

二、正确使用轮椅

下肢残疾程度较重的朋友可能需要轮椅代步。一般常见的生活轮椅，动力部分是由两个滑行的车轮子和驱动轮组成，其他主要部分有前支撑小轮、中轴支撑可折叠的支架、乘坐椅、脚踏板、车闸及后推把手。作为一名助残志愿者，要知道轮椅的主要部位和主要功能，掌握轮椅的一些使用方法。

1. 如何平稳推车?

当肢体残疾人稳坐车中需要前进时，推车人两眼注视前方，双手持住把手，身体与地面垂直，小臂自然弯曲于腰两侧，依靠腿的力量，通过两手使车平稳地向前移动。推车人移动时的两腿步长要相等，不宜过大，匀速行进，不能急停急起，要使坐车人感觉到舒适和安全。

需要停车时，推车人要首先放慢速度，用语言告知坐车人后再渐渐停止前进，切忌后拉急停，然后两腿并立，保持好起动的姿态。

避免 2 米内的障碍，特别是纵列轮椅行进之间也要间距 2 米以上。曾经发生过多次志愿者推行轮椅纵列行进，因为间隔不够、临时停车不及，导致后面轮椅铲伤前面志愿者的小腿或足跟的情况。

推轮椅进入会议桌、餐桌之前，要避开桌腿处。先查看，再入位。

2. 如何在行进中转弯或进入较小的门?

行进时要按中国的习惯靠右行进。当接近人群或需要转弯时，应给予坐车人提示并减速。左转时，左手轻拉住车把手，右手慢推，通过弧线调整方向，然后继续行进动作，右转时则反向操作。不要原地两手前后扭动。

在通过安检门或较小通道时，身体始终保持走在中间的位置，平稳行进，不可回头和左右张望，眼睛余光目测好间距即可顺利通过。

3. 如何上坡、下坡和通过道路障碍?

上坡时要保持平稳推车的方法，蹬地的腿要平稳，慢用力，两臂保持屈位，手持车推把，身体微向前倾。切记两臂不得伸直，两腿不要大步前蹬，身体重心不能向前靠在两手上，这样可避免滑倒和蹬空。不要突然加速发力，要始终保持身体与车把手的正常姿态，与车同进。

下坡时手臂弯曲，不要再向前加力蹬腿，身体略后仰，双手控制车的前冲速度，保持平稳行进。当遇到较大的坡度（一般超过 15 度）时，特别是对残疾较重的朋友，推车人应采用缓慢倒退下坡的方式，一定要控制车速，保证坐车人的安全。

一般的道路为无障碍通道，但在室外道路行进中也可能会遇到减速墩。需要过一些小的障碍物时，应首先提示坐车人；通过时两臂后压使前支撑小轮略微抬高，然后不加速向前推车，即可较顺利通过，切忌用力向前冲推。

4. 如何上下汽车、乘电梯?

乘坐无障碍专用汽车时，推车人提示坐车人后，推车人身体要靠紧轮椅向前推动，同时两手稍下压使前小轮先上踏板或升降板，前推行进，人与车同速进入车厢，并转向进入停车的区域，然后协助坐车人将轮椅用车上的安全带固定好，下好手闸。下车前，在车停稳后打开安全带，双手持稳车把，采用倒车的方法，将轮椅平稳推下车。如遇几个轮椅同乘一辆车时，一定要排好次序，等第一辆轮椅安全到位后，第二辆才可开始运行。

乘坐电梯时要目测好电梯门的宽度、长度，利用窄通道后退推车方法，倒着进入电梯厢，正着推出；进出要慢，以便让轮椅乘坐者看清自己要到达的楼层，并按下电梯指示钮。当两辆轮椅同乘电梯时，要注意先后顺序，先下的后上。乘自动电梯时，要注意防止电梯门夹车。

5. 如何辅助肢体残疾人乘坐和离开轮椅？

当肢体残疾人朋友需要乘坐轮椅时，推车人应在征得其意见后将轮椅推到最佳的位置，一般有侧并排位置和斜上位置两种。这样通过肢体残疾人的手臂支撑就可以较顺利地将其移到轮椅上。

当肢体残疾人朋友需要离开乘坐的轮椅，或需要换乘轮椅时，推车人应当首先把车停放在坐车人满意的最近位置，提示或帮助他下车。如果坐车人可以自主离开轮椅，推车人要帮助他（她）扶稳车，因为这时候大部分肢体残疾人要用手臂支撑在轮椅上以便身体移动，所以保持轮椅的稳定是极为重要的。

6. 如何更换轮椅？

单人帮助方法。主要是针对有一定的能力、无法完全自主更换车辆的坐车人。帮助人首先要把轮椅调整到需要换乘的轮椅侧上方的位置，然后将现坐的轮椅下闸，走近坐车人，让坐车人单或双臂搭在自己的肩上，重心前移，头靠自己与车相反的一面。这样帮助人可以侧头看到要换乘的轮椅，借助坐车人的前驱力，抱住其腰部，然后转体将坐车人移至要换乘的轮椅中，再协助其调整好姿态。在移动过程中，帮助人应注意贴近换车人，一起一放要准确，转动时两腿要平稳移动，如果遇重量较大的人时应采用双人帮助法。

双人帮助法。一般情况下，在调整好车位时，应比单人帮助的位置较远，两人在换车人的左右，使换车人两臂打开搭在两人的肩部，两人外手拉住换车人的手，里手向下在坐车人臀下拉手，同时上起动，将坐车人换至需要乘坐的轮椅上。在换车时要注意坐车人必须是前驱位，移动时两人要靠近坐车人，同向同步同时平稳移动，完成换车的动作。

平行移动法。先将两车置于平行位，把生活用车下闸，一人在后，双手通过坐车人的臂下抱住其胸部；另一人在前，双手抱住其大腿上部；两人同看另一车位，一起抱起坐车人，侧向平移至另一车中。

帮重度残疾人更换车辆时，志愿者要注意在整个操作过程中残疾人始终保持在前驱位，不要在背后拉拽他们，因为他们难以做到。帮助人要贴近坐车人，眼睛要注意更换车的位置，同时要有借助坐车人前驱力量而移动的技巧。

几年前，一些坐轮椅的残疾人朋友应邀参加“北京十大优秀志愿者”颁奖活动。当志愿者们推着轮椅列队进入会场时，因轮椅之间的距离太近，一辆轮椅脚踏板两次铲到前面一位推轮椅志愿者的脚后跟，那位年轻人被这突然的撞击，疼得发出嘶嘶的声音。

很多志愿者也许认为，推轮椅是不需要学习的，使劲儿推不就成了？

要知道，推轮椅需要掌握的正确技能与技巧还不少呢，如果你推得不得当，坐在轮椅上的朋友可能真的会有危险呢。

一位志愿者不了解推轮椅的技巧，在过一个小障碍时，本能地认为使劲儿推就可以，结果，轮椅前面的小轮没有越过障碍，用力过猛导致轮椅倾斜，坐在上面的残疾人被甩出去造成骨折。这样的例子并不罕见。

谨记事项

1. 目测距离不够。乘坐轮椅的人在出入门时，由于推车人无经验，行速无减，车的右脚蹬板碰到门框底部致使车急停，受惯性影响车子右转，坐车人亦向前移动，腰部被撞击。因此，推车人应始终保持正确的推姿，并从门正中央通过。人多时应减速，并提示他人让路。

2. 上坡时推车人滑倒。有些坡道上坡的距离较长，约 20 米，由于推车人双臂伸直，身体远离车位，两腿大步前蹬时一脚蹬滑，容易导致车子后滑造成事故。因此，上坡时一定要人车一体，缓慢行进。

3. 坐电梯时正推进入。正推进入梯厢后坐轮椅的人难以按指示钮，到达所按楼层后由于是后退而出，倒车出来时会不知开门后的外面情况，容易与乘梯人相碰，造成不愉快的结果。因此，坐电梯时应倒推进入。

4．行驶间距不足。轮椅纵队进入会场后，因为后面的轮椅急于跟上前面的步伐，间隔距离严重不足，几乎所有跟进轮椅的前脚踏板都有触碰前面志愿者小腿或者足跟现象，这样的事故应该避免。

5．过度热情。有一个坐在轮椅上的脑瘫成年人自行“行走”在路上，他要到前面的路边报亭去买一份报纸。轮椅行至马路的镶边石时，他调整了一下轮椅的位置，面对台阶，正准备上去。这时，一个健全的青年人看见了，便走过来，站在轮椅后面，两手握住轮椅的扶手，一使劲，轮椅上了台阶。反应过来的坐在轮椅上的人，接连发出“哦哦哦”如同呻吟一样的声音，眼神充满愤怒，一副很不高兴的样子。这位青年人纳闷极了，他原以为自己做了一件好事，轮椅上坐着的人一定会感谢他，谁知事与愿违。这件事告诉我们，切忌过度热情，应征得残疾人同意后，再进行帮助。

一位坐轮椅的朋友去某大学参加一个会议，会议室在二楼，然而电梯却迟迟没来。看到坐轮椅的残疾人朋友上楼遇到如此障碍，七八个小伙子围过来，不由分说便将轮椅抬起来，把朋友抬到了二楼。事过之后，朋友说，他虽然知道大学生志愿者们是在表达他们的热情，但是他像坐轿子一般被人抬着的感觉并不舒服，他心里也很不情愿……

在日常生活中，许多人在碰到残疾人朋友时，往往会不由分说地热情前去帮扶他们，甚至残疾人一再婉拒，也停不下手。一些遭到拒绝的热心人，还会感到不解，埋怨残疾人不通人情。其实，在帮扶之前，我们首先要想到对方是否需要帮助，我们的帮助是否恰当，我们伸出援手时是否关注到对方的尊严。那种直截了当、过度热情的辅助，强化了残疾人的弱者感受，会让一些残疾人感到辅助者过分彰显了自己的热情和能力。辅助者居高临下的同情式帮助也会使残疾人深感不安。

有位朋友腿有残疾，在从二楼的会议室到一楼的时候总会选择乘坐电梯，同行的其他人大都嫌电梯来得慢，走楼梯直接下楼，只有个别人陪她乘坐电梯。有一次聊天时，这位朋友深情地说道："我选择乘坐电梯是因为这样对我比较方便，其实我也可以走楼梯，但那样毕竟比较吃力。我非常感谢那些每次陪同我乘坐电梯的人，他们让我感觉到我与大家没有什么不同。"

肢体残疾主要会导致人体运动功能不同程度的丧失或者活动受限、参与受限，这种功能丧失或受限会更多地直接影响肢体残疾人的日常生活活动。志愿服务更多的是为肢体残疾人提供"服务"，志愿者要从"人"的角度出发，想想自己是否为肢体残疾人提供了需要的服务、被尊重的服务和真诚的服务。我们应该通过志愿服务践行志愿精神，弘扬欣赏他人、与人为善、有爱无碍、平等尊重的人文精神。

思考题

1．如何理解服务肢体残疾人的基本礼仪？

2．服务肢体残疾人的基本技能包括哪些？

3．与他人合作，演示如何在不同的环境中帮助肢体残疾人推轮椅。

第七章 服务智力残疾人的礼仪与技能

相对而言，智力残疾人是一个更需要帮助和理解的群体。由于智力低下及行为障碍，智力残疾人应享有的权利和尊严容易被忽视，需要社会终身提供的支持容易被忽略，不合常规的适应行为容易被歧视。如何为智力残疾人提供帮助，不仅需要志愿者具备一些必要的心理学和教育学知识，还需要志愿者抱有极大的热情和耐心，为其提供全方位的支持。

本章通过对智力残疾人交往礼仪的介绍，从促进智力残疾人社会融合的视角，帮助志愿者深入理解服务智力残疾人的基本技能。

第一节　服务智力残疾人的基本礼仪

人际交往是个体间通过语言、文字或肢体动作、表情等手段进行信息传递及情感表达的过程。智力残疾人由于智力功能的损伤，在人际交往过程中存在许多问题，需要为其提供服务的人员加以注意。合理、有效的交往方式有助于人们加深对智力残疾人的理解，有助于帮助智力残疾人更好地融入社会。

一、智力残疾人人际交往方面的主要问题

1. 没有交往的愿望。智力残疾人由于智力残疾或长期封闭式生活状态的影响，经常表现为没有交往的欲望，不喜欢与他人沟通与交流，或者是沟通者有表达而智力残疾人没有任何反应。

2. 对交往的信息不理解。智力残疾影响了他们对语言或人际沟通的认知，因此，在人际交往过程中，他们经常表现出对交往信息的不理解，或者与沟通者交往的信息缺乏一致性，甚至对沟通者的表达听而不闻、视而不见。

3. 交往的方式方法不恰当。智力功能的损伤影响了智力残疾人对行为的理性控制，因此，在人际交往过程中，他们可能会表现出不恰当的交往行为。比如，你与他谈论比较严肃的问题，他可能

因为不理解而哈哈大笑；你与他交谈时他可能到处乱走，四处张望，等等。

4. 不懂得交往的礼仪。智力残疾人由于智力功能的损伤、生活范围的限制或家庭教育的欠缺，可能不懂得如何与人沟通与交往，不理解人与人之间的关系或自己所承担的社会角色。

二、与智力残疾人交往时需要注意的问题

1. 观念要正确。树立正确的对待智力残疾人的观念，有助于智力残疾人更好地融入社会，有助于创造和谐的人际关系。智力残疾人在残疾人群体中属于比较弱势的、容易被歧视的群体，因此，在与智力残疾人的交往过程中，志愿者应尊重智力残疾人作为人的独立与自由的权利，不能因为他们智力残疾而对他们有任何的蔑视和不尊重。社会大众的接受和理解将会缓解智力残疾人在社会中受限制的状况。

2. 态度要合理。合理的态度有助于增加人们对智力残疾人的情感，有助于促进人们对智力残疾人差异性的理解和接受。对智力残疾人态度的改善，需要人们长期与智力残疾人接触和了解，不断加强对残疾人有关知识的学习，提高助人为乐的道德意识。对待智力残疾人的合理态度，将会提高整个社会对智力残疾人的接纳程度，使更多的智力残疾人走出家庭，融入社会生活。

3. 行为要恰当。恰当的行为会增加人们与智力残疾人之间的

积极情感，有助于为智力残疾人的人际交往做出示范和榜样。对智力残疾人行为恰当，需要人们加强对智力残疾人的了解，熟悉他们的个性特征，了解他们的心理需求。

（1）说话要简单，要使用正面语言，以直白的话语交谈，有必要时说慢一些，并作重复。

（2）尝试请他们重申谈话的要点，以确保他们理解交谈的内容。

（3）可用身体语言表达或加强沟通。

（4）不要求智力残疾人猜测事情。

（5）耐心聆听智力残疾人说话，这样有助于理解其说话的内容，同时也使对方感受到被尊重，加深彼此的了解、信任及亲密程度。

（6）当智力残疾人表达或回答问题时，应尽量给予其足够的时间，切勿催促，以便让他们有充足的时间思考和组织要回答的问题。尤其是在转换一项活动时，更需要给予智力残疾人足够的时间来适应。

（7）应对智力残疾人的正面行为给予适当的鼓励及赞赏，这样不仅会使他们有成就感和满足感，同时也会引导他们对正面行为作正确认识。

（8）称呼智力残疾人时，坚决不能使用“傻子”“傻帽”“蠢猪”等歧视性、侮辱性词语。

北京各个街道的温馨家园和手拉手职业康复站主要服务于智力残疾人和精神残疾人，工作人员每天都要给残疾人朋友安排做一些简单的手工劳动，或者请专业人员培训他们的日常生活技能。

一位重度智障女孩在职康站经过两年多的培训，一天，她的母亲回家后见到女儿给她放好了拖鞋，感到非常惊讶。不久，这位母亲回家，见到女儿扑向自己的怀抱，紧握的小手在她面前慢慢张开，女儿口齿并不清晰地对她说:"送……给你……的礼物、妈妈……生日快乐！"手中是她在职康站串好的一串彩色珠子。尽管此事微小简单，这位母亲却清楚地知道，每一个常人轻而易举的动作对于智力残疾的孩子来说，他们要反复地、几十或成百回地训练才能学会。这位母亲顿时热泪盈眶，内心充满喜悦，对职康站的老师们充满敬意。

有一次，温馨家园的一位智力残疾人对正在电脑前忙碌的工作人员说:"我们干活，你们怎么在这儿玩啊？"他们以为工作人员面对计算机工作是在玩儿，工作人员知道给这些残疾人"讲道理"是行不通的，随后，他想了个办法，把这个站点的加工任务流程分别画成一个个简单的图画，耐心地向那位残疾人解释:"你们是在干这个活儿（指着十几个环节中的一个图)，而其他的工作均由我们来完成，我们是用电脑在干活儿。"用图说明取得了良好的效果。

温馨家园和手拉手职业康复站的工作人员面对智力残疾人

和精神残疾人个体的差异和不同的困难，在责任心的感召下，用自己的智慧和专业素养实践着与智力残疾人和精神残疾人“手拉手并心贴心”。这些真实的故事体现了平等、尊重和真诚的服务原则。

第二节　服务智力残疾人的基本技能

智力残疾主要影响人的认知功能和适应性行为以及日常生活能力，这些功能都是一个人应该具有的基本能力。一个人无论是否残疾，都可以成为一个社会人，一个能适应社会并在社会中生存的人，一个能为社会服务并做出贡献的人。因此，志愿者在帮助智力残疾人时，不仅要注重改善智力残疾人个体的生理功能和心理水平，还要注重提升他们作为社会人应该具有的基本能力。

一、咨询服务技能

咨询服务技能是指向智力残疾人及其家属提供解决问题的帮助。主要包括智力残疾等级的鉴定、残疾证的取得、智力残疾证明、教育问题、婚姻问题、生活问题、就业问题、福利待遇问题等。

二、训练服务技能

训练服务技能是指向智力残疾人提供能力和技能技巧培训的帮助。主要包括认知功能训练、行为训练、生活自理能力训练、适应性行为训练、劳动能力训练等。

三、转介服务技能

转介服务技能是指向智力残疾人提供更加适合其个人需求的帮助。主要包括医疗转介、教育转介、康复转介、职业转介等。

智力残疾人需要我们为其提供终身志愿服务，在为其提供志愿服务的过程中，支持性策略是为智力残疾人提供帮助的有效方法。所谓支持性策略就是将智力残疾人作为行为主体，协调可利用的资源尽可能帮助智力残疾人回归社会，倡导全社会理解与尊重智力残疾人，协助智力残疾人个体不断提升自身能力和改善适应性行为，最终达到促进智力残疾人融入社会的目的。

思考题

1. 简要阐述智力残疾人交往方面存在的问题。

2. 简要阐述与智力残疾人交往时需要注意的问题。

3. 服务智力残疾人需要掌握哪些基本技能？试着阐述为什么需要掌握这些技能。

第八章 服务精神残疾人的礼仪与技能

精神损伤原因极其复杂，而且很难找到，大多数精神残疾人表现为感知、思维、情感、行为等多方面障碍。他们往往只喜欢选择他们自己感兴趣的事物，经常会有一些攻击性行为或者人们无法理解的行为。因此，志愿者在为精神残疾人提供志愿服务时应努力克服恐惧心理，积极构建与精神残疾人的良好关系。

本章通过详细介绍与精神残疾人交往的礼仪和需要掌握的技能，帮助志愿者深入理解精神残疾人及其特点，引导志愿者正确帮助精神残疾人。

第一节　服务精神残疾人的基本礼仪

与精神残疾人交往，要恪守尊重的原则，消除恐惧心理。初次接触精神残疾人时，志愿者要主动介绍自己，并用正常的目光看着对方，不要显露出恐惧、惊讶、躲避的神情，不要惧怕与他们有眼神接触。

一、正确认识精神残疾

精神疾病至今尚未探明病因，不能直接看见、听到、摸着，亦难用某种仪器或准确的化验来确定一个人是否有病，因此精神疾病给人一种神秘感，不易被人认识而延误治疗。尽管医学界做了很大的努力，但人们对精神疾病、对精神病人仍然不能像对心脏病人、糖尿病人等那样正确对待，存在着严重的偏见，认为这不是一种疾病，而是装神弄鬼、鬼神附体，是思想问题，是邪恶的，不但不给予积极的治疗，反而采取惩治手段来对待病人。为此，患者及其家属都不愿承认有精神病，也不敢到专科医院去求治，怕受到人们的歧视，或遭人耻笑。随着我国卫生事业的发展和人类社会文明的进步，上述情况已有很大的改善，但仍有不少人存有这种偏见。这种偏见是错误的，是对科学无知的表现。只有首先消除这种偏见及其影响，才能与精神残疾人交流沟通。

二、与精神残疾人日常交往时应注意的问题

1. 耐心与理解。要有爱心、热心、耐心，并尽量多了解精神残疾人需要什么，他们具有的能力是什么，这样才容易交流。

2. 真情投入。与之交流，要从他们的爱好入手，比如对方爱漂亮，就谈化妆、保养等，尽量表达你想说的。在语气上要亲切、亲近，彬彬有礼，同时要注意耐心倾听，显示自己的诚意。称呼精神残疾人时，不能用“神经病”“精神病”等侮辱性词语来刺激他们。不能随便取笑甚至侮辱残疾人。

3. 对难以交流的残疾人可以找精神医生咨询。

4. 去除偏见。不要对精神残疾人抱有偏见。不要认为精神残疾人会打人，骂人，而不敢与其交流交往。绝大多数精神残疾人是不具有暴力倾向的。

5. 注意倾听。在谈话时要集中精力听其倾诉，不要有无关的动作或表现得心不在焉，否则他可能会对你失去信任，不再与你深谈。

6. 尽量理解。不要感觉精神残疾人所说的都是幻觉，根本不把对方说的话当一回事。比如谈话中感觉精神残疾人所谈的许多问题比较荒谬离奇，不要马上告诉对方“这是幻听，是不存在的”之类的话，因为这会让对方感觉你没有理解他。

7. 尊重为先。不要因为精神病人精神活动异常，谈话经常偏离主题，内容荒谬离奇，交流速度慢等就拒绝与其交流，使其产生不被尊重感、无能感、无助感。

8. 观察细节。在交流时注意观察精神残疾人的非语言性行为，如皱眉、惊奇地看，表示他不明白你的观点或你的观点使他惊奇；避免与你视线接触，说明他感觉不自然、紧张，等等。

9. 客观判断。对于不合理或者不实际的要求，要保持客观的态度，不要简单、生硬地予以拒绝或否定。

精神损伤原因极其复杂，而且很难找到，大多数精神残疾人表现为感知、思维、情感、意志行为等多方面障碍。他们在信息获取过程中会选择他们自己感兴趣的内容，否则就会诱发情绪或者行为问题，无法对获取的信息进行正确或者理性的判断。他们的精神活动与周围环境和内心体验不协调，在语言的表达和理解方面经常是脱离现实的，令人无法理解，因此在沟通过程中志愿者需要付出极大的耐心，并且用词很谨慎。

第二节　服务精神残疾人的基本技能

精神残疾人病程一般都在一年以上，精神残疾导致他们认知、情感和行为障碍，而且有些精神残疾原因不明，这些障碍会影响他们的日常生活和活动参与。大多数精神残疾人需要进行药物治疗以防止复发，助残志愿服务将会极大地改善他们的生存状况，有利于促进他们更快地回归社会。因此，服务精神残疾人的志愿服务活动需要关注“治好病——防复发——回归社会”三个环节。

一、医疗转介服务

对于被确诊为精神残疾的人员，首先要进行医疗服务。志愿者需要了解相关医疗服务设施和医疗服务形式，掌握获得医疗服务的途径和方法；了解当地精神残疾康复设施、机构及其分布情况；了解精神残疾康复机构的服务对象，掌握精神残疾人获得康复服务的条件、途径和方法，以便协助精神残疾人获得合适的医疗及康复治疗服务。

二、相关政策服务

对于精神残疾人，民政和残联系统都有相关的福利和贫困救助政策，志愿者需要了解当地精神残疾人贫困救助的种类，掌握精神残疾人获取贫困救助的条件、途径和方法等，以保证精神残疾人获得相关福利保障和贫困救助。

三、家居训练服务

大部分精神残疾人都在家庭中，家庭日常生活训练有助于精神残疾人康复，尽快回归社会。精神残疾人的家居训练服务的内容包括自我照顾、家居管理、基本急救、危机处理、健康管理、按时复诊及服药习惯、社区生活技能等；方法可以采取结构化方法，即在室内要根据他们的功能和特点，设置相应适合精神残疾人的结构化环境，在活动前要预设好流程，并与他们商量（告之他们），让他们心中有数，避免引发他们的不良情绪和行为。

四、亲友心理支持服务

一些精神残疾属于终身障碍，这些精神残疾人的亲友要承受巨大的心理压力。精神残疾人的亲友是最需要关爱和支持的群体。帮助精神残疾人亲友既要着眼于其具体的需求，又要着眼于促进家庭的发展；既要推动社会支持体系的构建，又要提供具体的关爱。

1. 保持同理心，充分理解与尊重他们。精神残疾人永远是其亲友的关注点，所以对精神残疾人的尊重和帮助，也是对其亲友最大的帮助。亲友长期面对精神残疾人，常人无法理解他们的感受，志愿者要站在亲友的角度，尽量理解和感受他们的内心世界，不能抱着施舍心理，这样会使他们受到更大的伤害。

2. 积极鼓励，真诚沟通与陪伴。许多研究表明，精神残疾人亲友是心理问题的高发群体。面对亲友的抱怨、焦虑和忐忑不安，志愿者要鼓励他们把需求表达出来，倾听他们的心声。一方面与他们一起想办法解决问题；另一方面要传递正能量，鼓励他们发现自己的潜力和社会资源，相信精神残疾人的潜力和发展前景。

3. 与亲友—残疾人建立互动关系。精神残疾人的未来永远是亲友的牵挂，亲友的关注点和兴趣基本上在残疾人身上，许多家庭生活逐渐“封闭”起来。所以志愿者既要理解并帮助亲友解决实际问题，也要引导亲友安排好自身角色，积极投入社会活动，防止亲友自身的社会功能退化。志愿者通过活动与亲友—残疾人建立互动关系，引导他们融入社会，增强社会功能。

4. 给亲友“喘息”的机会。精神残疾人与亲友在一起的时间最长，时刻需要帮助与干预，亲友需要强大的内心能量，很多亲友身心疲惫。如果在周末、节假日或亲友身体不舒服的时候，能把精神残疾人暂时带离亲友身边，去商场，去车站，进社区，让精神残疾人在积极和融合的环境下活动，融入社会，不但能给亲友宝贵的“喘息”机会，而且是对残疾人的社会功能最好的促进。

五、法律援助服务

《精神卫生法》（2013 年 5 月 1 日起正式实施）规定，对于精神疾病的诊断、治疗和精神残疾的鉴定都必须严格按照相关法律执行。因此志愿者掌握和了解一定的法律知识，了解当地精神残疾人法律援助的资源，可以为精神残疾人提供法律帮助的途径和方法，让精神残疾人及其家庭得到法律保障。

六、就业指导服务

就业是帮助精神残疾人回归社会的重要手段。可以让精神残疾人先参加辅助就业，即安排精神残疾人在一个公开环境下就业，并提供持续的辅助服务，让他们享受一般工作应得的利益，如工资及职业保障；还可以安排过渡性就业、模拟小型生意、合同工作等，直至他们正常就业。志愿者要了解当地可以提供给精神残疾人辅助就业的单位、适应对象和工种，帮助精神残疾人寻找到合适的辅助就业岗位，同时继续跟进支持辅导，鼓励精神残疾人坚持就业，直至完全公开就业。

七、文化活动指导服务

文化活动有助于精神残疾人的康复，志愿者可以根据各自的特长，为精神残疾人提供教育、文化、体育、艺术等咨询和教学指导服务。志愿者还需要掌握和了解当地适合精神残疾人的教育、文化、体育、艺术等设施，引导精神残疾人参与教育培训和文化生活，如参加成人教育、书法、绘画、体育和艺术活动或比赛。

精神残疾人首先需要科学、正规、系统的医学治疗，同时需要进行功能康复，包括生活技能训练、文娱治疗、社交技能训练、作业治疗等。在医学治疗过程中精神残疾人家属的作用至关重要，他们承担起医生与患者之间的桥梁，可以有效地协助医生的治疗。精神残疾人作为一个典型的弱势群体，由于自身社会功能缺陷，需要全社会的理解与接纳，使他们真正实现“平等、参与、共享”社会生活的目标。

思考题

1. 如何认识精神残疾？
2. 与精神残疾人交往需要注意哪些问题？
3. 服务精神残疾人需要掌握哪些基本技能？

管理篇

第九章 助残志愿服务相关政策法规

为什么要开展助残志愿服务？只是因为残疾人是一个特殊的、特别困难的、特别需要帮助的群体吗？事实上，无论是于法还是于情，助残志愿服务都是必需的。

本章对助残志愿服务的相关法规和规范性文件进行了梳理，从法律法规方面帮助助残志愿者进一步理解目前助残服务工作的目标、行动原则、任务、工作方式、实施步骤和具体措施等。

第一节　助残志愿服务的相关法规

党和政府历来重视对残疾人的帮扶工作，2000 年国务院残疾人工作委员会（简称“国务院残工委”）等 22 个单位发布的《关于开展第十次“全国助残日”活动的通知》(〔2000〕残工委字第 01 号）中提出“志愿者助残”，后续就助残志愿服务颁布了一系列规范性文件，为助残志愿服务工作指明了方向，明确了助残志愿服务的任务和方式。

一、《中华人民共和国宪法》

中华民族是一个崇尚互助友爱的民族，不仅有扶残济困的优良传统，还有相互尊重、互助互爱的美德。开展志愿者助残，需要广泛动员社会力量，采用社会化工作方式，扶助残疾人实现他们作为公民应有的权利和义务。开展志愿者助残活动，既能为残疾人解决困难，又能帮助他们平等参与社会生活和履行公民义务，还有助于“奉献、友爱、互助、进步”的志愿精神在社会中传播，有助于社会主义精神文明建设。

《中华人民共和国宪法》第一章第二十四条规定：“国家通过普及理想教育、道德教育、文化教育、纪律和法制教育，通过在城乡不同范围的群众中制定和执行各种守则、公约，加强社会主义精神文明的建设。”第一章第三十三条规定：“凡具有中华人民共和国国籍的人都是中华人民共和国公民。中华人民共和国公民在法律面前一律平等。国家尊重和保障人权。任何公民享有宪法和法律规定的权利，同时必须履行宪法和法律规定的义务。”

志愿者助残是促进社会主义精神文明建设、构建和谐社会、体现社会主义核心价值观的一种有效手段。《中华人民共和国宪法》为助残志愿服务奠定了基本的法律依据，它规定了人按其基本属性和社会属性所应当享有的权利，即基本人权。这个基本人权是宪法赋予并保障的公民所享有的基本的、具有重要意义的权利，包括平等、政治权利和自由、宗教信仰自由、人身自由、社会经济权利、获得社会救济的权利等。但是这种公民权利需要正确对待，公民在享有宪法和法律规定的权利的同时，必须履行宪法和法律规定的义务。

二、《中华人民共和国残疾人保障法》

《中华人民共和国残疾人保障法》(以下简称《残疾人保障法》)是我国社会主义法律体系的重要组成部分，是我国发展残疾人事业和保障残疾人权益的基本法律。《残疾人保障法》在 1990 年 12 月 28 日第七届全国人民代表大会常务委员会第十七次会议上通过；1991 年 5 月 15 日开始施行；2008 年 4 月 24 日十一届全国人大常委会第二次会议高票通过修订后的《残疾人保障法》。

《残疾人保障法》不仅对发展残疾人事业、保障残疾人基本权益、促进残疾人全面平等地充分参与社会生活具有重要意义，而且对促进社会公平公正、构建社会主义和谐社会具有重大意义。

（一）立法宗旨

1. 维护残疾人的合法权益；

2. 发展残疾人事业；

3. 保障残疾人平等地充分参与社会生活；

4. 共享社会物质文化成果。

（二）主要内容

《残疾人保障法》共分九章六十八条，九章分别为总则、康复、教育、劳动就业、文化生活、社会保障、无障碍环境、法律责任、附则。

第一章总则，共十四条（一至十四条），主要内容包括立法的目的和依据；残疾的定义；残疾人的权利；对残疾人的特别扶助；经费保障；保障残疾人参与管理国家事务和社会事务；社会支持残疾人事业；残联组织；对残疾人的抚养义务；残疾人的义务；残疾预防工作；对残疾军人的特别保障；表彰和奖励；助残日。

第二章康复，共六条（十五至二十条），主要内容包括康复服务；康复工作总体要求；兴办康复机构；开展康复医疗与训练；培养康复专业人才；残疾人辅助器具。

第三章教育，共九条（二十一至二十九条），主要内容包括残疾人的教育权利；残疾人教育方针；实施残疾人教育的要求；设置残疾人教育的机构；普通教育机构的责任；特殊教育机构的责任；对残疾人的职业教育和培训；特殊教育师资的培养。

第四章劳动就业，共十一条（三十至四十条），主要内容包括残疾人劳动的权利；残疾人劳动就业的方针；集中残疾人就业；按比例安排残疾人就业；鼓励残疾人自主创业；扶持农村残疾人的生产劳动；扶持残疾人就业的优惠措施；公共就业服务机构对残疾人就业的服务；保障残疾人的劳动权利；对残疾职工的技术培训；不得强迫残疾人劳动。

第五章文化生活，共五条（四十一至四十五条），主要内容包括残疾人的文化生活权利；开展残疾人文体活动的要求；丰富残疾人精神文化生活的措施；鼓励残疾人进行创造性劳动；倡导助残的社会风尚。

第六章社会保障，共六条（四十六至五十一条），主要内容包括残疾人享有社会保障的权利；残疾人按照规定参加社会保险；对残疾人的社会救助；对残疾人的供养；对残疾人搭乘公共交通工具等给予便利和优惠；鼓励和发展残疾人慈善事业。

第七章无障碍环境，共七条（五十二至五十八条），主要内容包括为残疾人创造无障碍环境；无障碍设施的建设与改造；信息交流无障碍；为残疾人提供无障碍服务；为残疾人选举提供便利；无障碍辅助设备的研制与开发；导盲犬出入公共场所。

第八章法律责任，共九条（五十九至六十七条），主要内容包括残疾人组织的维权职责；残疾人权益受侵害的救济渠道；国家工作人员的法律责任；通过大众传播媒介损害残疾人人格的法律责任；有关教育机构的法律责任；歧视残疾人劳动者的法律责任；供养、托养机构及其工作人员的法律责任；违反无障碍设施管理的法律责任；综合性法律责任。

第九章附则，共一条（六十八条），主要内容是本法的执行时间。

《残疾人保障法》还对残疾的定义、残疾人类别和残疾标准做出了规定，并强化了残疾人的政治、康复、教育、就业、文化、社会保障、无障碍等各种权益的保障措施。《残疾人保障法》维护了残疾人的合法权益，保障了残疾人以平等的机会参与社会生活，共享社会物质文化成果；并且通过大力发展残疾人事业，确保残疾人在社会生活中逐步实现“平等、参与、共享”。

三、相关条例

与残疾人有关的法律条例目前主要有三种:《中华人民共和国残疾人教育条例》(以下简称《残疾人教育条例》)、《残疾人就业条例》和《无障碍环境建设条例》。这三种条例依据《中华人民共和国宪法》和《中华人民共和国残疾人保障法》制定。

(一)《残疾人教育条例》

1.《残疾人教育条例》

《残疾人教育条例》经国务院批准，于 1994 年 8 月 23 日颁布实施。《残疾人教育条例》是我国第一部有关残疾人教育的专项法规，它的颁布实施从法律上进一步保障了我国残疾人平等受教育的权利，促进了残疾人教育事业的发展。

(1)背景

1986 年《中华人民共和国义务教育法》(以下简称《义务教育法》)第一章第二条指出：义务教育是国家统一实施的所有适龄儿童、少年必须接受的教育，是国家必须予以保障的公益性事业。条款中提出的“所有适龄儿童、少年必须接受的教育”，意味着残疾儿童、少年也被包括在内，必须接受义务教育。《义务教育法》第三章第十九条指出：县级以上地方人民政府根据需要设置相应的实施特殊教育的学校（班），对视力残疾、听力语言残疾和智力残疾的适龄儿童、少年实施义务教育；普通学校应当接收具有接受普通教育能力的残疾适龄儿童、少年随班就读，并为其学习、康复提供帮助。《残疾人保障法》第三章专门针对残疾人教育做了相关规定。《残疾人教育条例》的颁布与实施，对提高国家义务教育比例、残疾人受教育水平，促进残疾儿童义务教育工作的开展具有重要意义。

（2）主要内容

《残疾人教育条例》共分九章五十二条，九章分别为总则、学前教育、义务教育、职业教育、普通高级中等以上教育及成人教育、教师、物质条件保障、奖励与处罚、附则。

第一章总则，共九条（一至九条），主要内容包括条例制定的目的和依据，实施残疾人教育的要求，残疾人教育的地位，人民政府、国家教育行政部门、残联及地方组织、各级各类学校、残疾人家庭及社会各界的责任。

第二章学前教育，共三条（十至十二条），主要内容是规定了学前教育机构包括的范围，残疾儿童学前教育实施的方式，强调早发现、早教育、早康复。

第三章义务教育，共十条（十三至二十二条），主要内容包括各级政府和监护人的责任，规定了残疾儿童接受义务教育的入学年龄和年限，残疾儿童义务教育实施的方式和一些具体要求和规定。

第四章职业教育，共六条（二十三至二十八条），主要内容包括强调各级人民政府的责任，残疾人职业教育体系和一些具体要求及规定。

第五章普通高级中等以上教育及成人教育，共六条（二十九至三十四条），强调普通高级中等以上教育及成人教育不得拒收残疾人，并对残疾人中等以上教育的资质、形式及内容做了规定。

第六章教师，共八条（三十五至四十二条），强调了政府应重视残疾人教育的教师培养及培训工作，对残疾人教育教师的培养及培训的方式、内容、教师资格制度、教师配备、待遇等方面做了规定。

第七章物质条件保障，共六条（四十三至四十八条），主要对残疾人学校的建设标准、经费开支标准、教学仪器设备配备标准等方面做了规定。

第八章奖励与处罚，共两条（四十九至五十条），主要对奖励与处罚的标准做出了规定。

第九章附则，共两条（五十一至五十二条），主要对制定实施办法和发布时间做了规定。

2.《残疾人教育条例（修订草案）（送审稿）》

2013 年 2 月 25 日，国务院法制办发出通知，全文公布《残疾人教育条例（修订草案）（送审稿）》，征求社会意见。

（1）背景

进入 21 世纪，我国社会经济有了很大发展，残疾人教育需求也发生了新的变化。特别是《义务教育法》和《残疾人保障法》重新修订，以及我国政府签署了联合国《残疾人权利公约》（2008 年

5 月 3 日正式生效），使 1994 年颁布的《残疾人教育条例》中的一些内容明显不适宜或滞后，有必要与时俱进，进行修改、补充和完善。

（2）主要内容

与 1994 年颁布的《残疾人教育条例》相比，《残疾人教育条例（修订草案）（送审稿）》扩大了残疾人教育对象范围，完善了经费保障体系，强调特殊教育教师的专业化，并进一步强调各级政府统筹规划，完善随班就读体系，对残疾学生康复工作的要求进一步细化。

（二）《残疾人就业条例》

2007 年 2 月 14 日，国务院第 169 次常务会议通过了《残疾人就业条例》，本条例于 2007 年 5 月 1 日起施行。这是我国为保障残疾人权利而出台的又一重要法规，标志着我国残疾人就业工作全面步入法制化轨道，对保障残疾人劳动就业权利、促进残疾人就业和平等参与社会生活具有重要意义。

1. 背景

《残疾人保障法》施行以后，残疾人的就业状况得到明显改善。但是，随着我国社会经济的发展和人民生活水平的提高，残疾人就业工作出现了一些新情况、新问题，比如残疾人受教育水平越来越高，对工作的要求越来越高；需要就业的残疾人数量越来越多；企、事业单位接纳残疾人就业的责任不够明确，不能按照规定安排残疾人就业，不依法与残疾职工签订劳动合同；对残疾人的各项保障措施和培训相对滞后等。为有效解决上述问题，需要进一步从法律、法规、政策、制度和道义上制定相关规定，保障残疾人就业能够得到公平、公正的对待。此条例的颁布与实施，对促进残疾人就业工作的开展、构建和谐社会具有重要意义。

2. 主要内容

第一章总则，共七条（一至七条），主要对组织残疾人就业工作的方针、用人单位的范围、就业的渠道和形式、责任部门、组织部门、奖励等做出了规定。

第二章用人单位的责任，共七条（八至十四条），主要对残疾人就业比例、残疾人就业保障金的缴纳、集中安排就业的单位、福利待遇与培训等做出了规定。

第三章保障措施，共六条（十五至二十条），主要对残疾人就业岗位的开发、就业保障金的使用、用人单位的税收、专产产品、自主择业和创业、农村残疾人就业等做出了规定。

第四章就业服务，共四条（二十一至二十四条），主要对就业困难人群、支持与服务、劳动争议、失业等做出了规定。

第五章法律责任，共四条（二十五至二十八条），主要是对违反《残疾人就业条例》的处理做出了规定。

第六章附则，共两条（二十九至三十条），主要内容是残疾人就业的定义和本条例的施行时间。

（三）《无障碍环境建设条例》

《无障碍环境建设条例》是 2012 年 6 月 28 日中华人民共和国国务院令第 622 号公布的文件。此条例自 2012 年 8 月 1 日起施行。

《无障碍环境建设条例》明确了无障碍设施建设的范围以及在公共基础设施、公共交通等领域无障碍设施工程建设的标准，并对公共汽车、城市轨道交通车辆等公共交通工具的无障碍环境建设做出了相关规定。这是我国第一部关于无障碍环境建设的行政法规，标志着我国无障碍环境建设步入了法制化轨道。

1. 背景

无障碍是保障残疾人参与社会生活的必要条件，《残疾人保障法》和联合国《残疾人权利公约》都对无障碍环境做出了相关规定和要求。进入21世纪，特别是2008年残奥会和之后的世博会等重大国际活动，有效地促进了我国无障碍环境的建设与发展，但是离真正的无障碍环境尚有些距离，还有许多急需解决的问题，比如现有设施的无障碍改造、无障碍设施的建设、无障碍信息建设和无障碍社区建设等问题，都急需从法律层面加以规定和解决。

2. 主要内容

第一章总则，共八条（一至八条），主要对无障碍环境建设定义、原则、责任单位、监督部门、鼓励政策、表彰等做出了规定。

第二章无障碍设施建设，共九条（九至十七条）主要对无障碍设施建设的范围、新建无障碍设施规定、不符合无障碍要求设施的改造、优先改造的设施、无障碍设施的配备、无障碍停车位、公共交通无障碍设施标准、视力残疾人的无障碍服务、无障碍设施建设责任及维修等做出了规定。

第三章无障碍信息交流，共九条（十八至二十六条），主要对无障碍信息交流建设的责任单位、无障碍信息交流服务、国家级考试的无障碍服务、手语新闻、视力残疾人阅览室、无障碍网站、公共服务设施无障碍、公共活动的手语服务、电信业务的无障碍服务等做出了规定。

第四章无障碍社区服务，共四条（二十七至三十条），主要对无障碍服务功能、紧急呼叫系统、无障碍设施改造补助、盲文选票等做出了规定。

第五章法律责任，共四条（三十一至三十四条），主要对违反《无障碍环境建设条例》的处理做出了规定。

第六章附则，共一条（三十五条），主要内容是本条例的施行时间。

四、志愿者管理办法

（一）《北京市志愿者管理办法（试行）》

1. 背景

为加强首都志愿者队伍建设，促进志愿者管理工作的规范化、制度化，进一步推动首都志愿服务事业持续、健康发展，根据《中国注册志愿者管理办法》《北京市志愿服务促进条例》和《中共北京市委、北京市人民政府印发〈关于进一步加强和改进志愿者工作的意见〉的通知》（京发〔2009〕7号）等有关法律法规和政策，结合北京市的具体实际，制定了本办法，并于2010年10月颁布实施。

2. 主要内容

第一章总则，共三条（一至三条），明确了志愿者、注册志愿者、志愿者组织三个概念的含义：本办法对志愿者、注册志愿者、志愿者组织概念进行了规范界定，明确了志愿者的奉献、友爱、互助、进步的志愿服务精神，鼓励志愿者成为注册志愿者，以便参与志愿服务，享受专业培训、服务认证、权益保护、表彰激励等服务。

第二章招募与注册，共八条（四至十一条），建立志愿者管理平台，规范管理志愿者：志愿者招募可以采取公开招募与定向招募相结合、经常性招募与阶段性招募相结合、面向个人招募与面向集体招募相结合等方式，建立全市志愿者注册制度，办理志愿者卡，“志愿北京”网站（www.bv2008.cn）为全市统一的志愿者注册网络平台。

第三章权利与义务，共两条（十一至十二条），强调志愿者享有的权利和义务。

志愿者享有以下权利：

以志愿者的身份参与志愿服务活动；获得志愿服务的真实、准确、完整的信息；获得志愿服务所需的条件和必要的保障；获得志愿服务活动所需的教育和培训；请求开展志愿服务活动的组织帮助解决在志愿服务活动中遇到的问题；有困难时优先获得志愿者组织和其他志愿者提供的服务；对志愿者组织进行监督，提出批评和建议；要求志愿者组织出具参加志愿服务的证明；申请注销注册志愿者身份；其他依法享有的权利。

志愿者应当履行以下义务：

遵守国家法律法规及志愿者组织的相关规定；提供真实、准确、完整的注册相关信息，如有信息变更及时联系修改；履行志愿服务承诺或者协议约定的义务，完成志愿服务；自觉维护志愿者组织和志愿者的形象和声誉；自觉维护服务对象的合法权益；退出志愿服务活动时，履行合理告知的义务；保守在参与志愿服务活动过程中获悉的个人隐私、商业秘密或者其他依法受保护的信息；不得向接受志愿服务的组织或者个人索取、变相索取报酬；不得以志愿者身份从事任何以营利为目的或违背社会公德的活动；其他依法应当履行的义务。

第四章管理与服务，共三条（十四至十六条），提出志愿者的管理与服务机制：明确志愿者的管理应在党委和政府领导下，市、区县社会建设工作领导小组办公室负责本行政区域内志愿者工作的综合协调和宏观指导，市、区县志愿者联合会（协会）负责本行政区域内志愿者工作的组织实施，各相关部门给予积极配合并进行业务指导；依托市、区县志愿者联合会（协会），各级各类志愿者组织对志愿者实行分级分类管理；以志愿者誓词为核心规范志愿者的日常管理；建立健全志愿服务的需求对接机制和项目管理机制，实现志愿者参与志愿服务和群众接受志愿服务的便利化。

第五章表彰与激励，共五条（十七至二十一条），建立志愿者的表彰与激励机制：建立全市志愿者星级认证制度、全市志愿者奖章授予制度；逐步完善以精神激励为主的志愿者表彰激励机制；在重大活动志愿服务和应急志愿服务中给予志愿者适当补贴，鼓励有条件的志愿者组织通过组织疗养休养、免费体检等方式对优秀志愿者进行慰问和奖励；充分利用媒体和宣传设施，广泛宣传优秀志愿者和志愿者组织。

第六章附则，共两条（二十二至二十三条），规定了本办法适用人群和施行时间。

（二）《北京市志愿服务促进条例》

1. 背景

从世界范围看，对公民参加志愿服务提出要求并制定相关的法律法规、形成制度，具有一定的普遍性。目前国际上已有十几个国家制定了专门的志愿服务法律，国内也有 17 个省市进行了相关规定。

2. 主要内容

（1）明确了志愿服务、志愿者、志愿者组织这三个关键概念：本条例对志愿服务、志愿者、志愿者组织概念进行了规范界定，明确了志愿服务的自愿、平等、无偿、诚信、合法的原则。强调了志愿服务的组织性，并指定了志愿者组织为非营利性社会团体，志愿者组织依据《社会团体登记管理条例》进行登记。

（2）体现了对志愿服务实施柔性管理的理念：本条例多次提到政府提倡、鼓励、支持、引导、促进、表彰、奖励等字眼，强调了政府对志愿服务活动通过行政指导、行政资助和行政奖励等柔性管理的方式进行行政管理；同时，强调社会各界在促进志愿服务、保障志愿者权益、激励志愿者等方面的任务，提出社会鼓励支持等措施，为促进志愿服务事业发展创造了良好的外部环境。

（3）建立全市性的统一协调机制，发挥北京志愿者协会的指导职能：本条例规定我市建立全市性的统一协调机制，北京志愿者协会负责指导本市志愿者工作的开展。

（4）强调志愿服务活动中的政府责任和社会责任：本条例在肯定志愿服务活动自发性、自律性的同时，也用了较大比例的条文规定了政府、社会组织在志愿服务活动中应当承担的责任。政府责任主要包括两方面，一是各级政府和部门认真履行自己的职责，为志愿服务活动提供相关支持，积极促进志愿服务事业的发展；二是各级政府及其组成部门要发挥自己的监督职能，规范志愿服务活动，保障志愿者在从事志愿服务活动中的合法权益。社会责任的规定主要体现在鼓励志愿者所在的单位应该为其从事志愿服务活动提供必要的支持。学校和有关社会团体应当对青少年进行志愿服务的思想品德教育，鼓励、支持其积极从事志愿服务活动。各种新闻媒介机构应当积极宣传志愿服务活动。

（5）建立、健全志愿者权益保障体系：一是将志愿者的权益保障作为一项基本原则；二是规定了志愿者组织与志愿者之间、志愿者组织与接受志愿服务的组织或者个人之间必须签订书面协议的法定条件及协议内容；三是明确列举了志愿者享有的六项权利（包括知情权、获得必要条件和保障权、获得教育和培训权、请求解决问题权、困难时优先获得帮助权、监督权等），同时，还附有概括性的兜底条款，为今后志愿者权利的拓展提供空间；四是通过详细规定有关主体的义务的方式来落实志愿者的合法权益；五是通过成立志愿服务基金会的方式建立志愿者权益保障的长效机制。

（6）规范了志愿服务协议的具体内容：此条例规定了志愿者组织与志愿者之间、志愿者组织与接受志愿服务的组织或者个人之间，应当就志愿服务的主要内容协商一致。任何一方要求签订书面协议的，应当签订书面协议，并规定了应当签订协议的五种情形及协议的主要内容。

（7）规范了志愿者招募，兼顾平衡各方利益：此条例规定志愿者组织可以向社会招募志愿者。志愿者组织以外的其他组织在本市行政区域内向社会招募志愿者的，应当委托志愿者组织进行。招募境外志愿者依照国家有关规定执行。

（8）设立志愿服务基金会并规范其运作：此条例鼓励社会各界对志愿服务事业大力支持，建立了志愿服务资金稳定、多方的来源渠道，并按照相关的法律规定，通过充足稳定的资金带动我市志愿服务项目体系建设，使市民更加方便地参与到志愿服务中来，保障志愿服务事业的长远稳定发展。在一些特殊的志愿服务领域，如抢险救灾、环境保护、维护治安等志愿者有可能面临较大风险的项目，利用基金会的资金为志愿者提供相应保险，在志愿者的生命、健康、财产等受到损害后，可以获得必要的补偿或赔偿，达到切实保障志愿者各项权益的目的。

（三）《中国助残志愿者注册管理办法（试行）》

1. 背景

为切实加强志愿助残工作，进一步弘扬人道主义思想，传播志愿助残服务理念，提升志愿助残专业化水平，推进志愿助残活动的规范化、制度化发展，制定本办法。《中国助残志愿者注册管理办法（试行）》由中国残联办公厅 2013 年 6 月 28 日印发。

2. 主要内容

（1）界定了中国助残志愿者和助残志愿活动的含义：本办法所称中国助残志愿者（以下简称“助残志愿者”）是指在残联组织或在残联组织授权的单位注册登记、参加助残服务时间累计达到 3 小时以上的志愿者；助残志愿服务活动是指不以获得报酬为目的，无私奉献自己的时间、知识、技能、资源和爱心，自愿为残疾人提供服务，并接受残联组织或者志愿助残组织的统一管理的志愿活动。

（2）规定了注册助残志愿者的基本条件：应遵守国家法律法规；富有爱心和奉献精神，关爱残疾人；具备参加助残志愿服务所要求的身体条件和服务能力；遵守注册机构的相关规定；未成年人参加助残志愿服务，应征得监护人同意。同时规定注册助残志愿者还应履行相应的注册程序，县级残联为助残志愿者注册机构，负责助残志愿者的注册管理工作；各级残联直属企事业单位等单位以及其他志愿助残组织经各级残联授权，可开展助残志愿者注册管理工作。

（3）强调了助残志愿者的权利和义务：助残志愿者享有的权利有参加助残志愿服务活动，接受相关的助残志愿服务培训，获得从事助残志愿服务的必需条件和必要保障，优先获得助残志愿者组织提供的服务，对助残志愿服务工作提出意见和建议，相关法律、法规、政策所赋予的其他权利，申请取消助残志愿者身份；同时助残志愿者还应履行遵守国家法律法规及注册机构的相关规定，每名助残志愿者每年参加志愿服务时间累计不少于10小时，履行助残志愿服务承诺，积极参与助残志愿活动，自觉维护注册机构和助残志愿者的形象，自觉维护服务对象的合法权益，自觉抵制任何以助残志愿者身份从事的营利活动或其他违背社会公德的行为，履行相关法律法规及注册机构规定的其他义务。

（4）规定了志愿助残的服务范围和要求：助残志愿服务范围包括康复医疗、教育培训、就业扶贫、文化生活、体育健身、权益维护、家政服务、出行服务、心理辅导、大型活动等；注册机构应为助残志愿者和残疾人提供相应的对接服务，并签订相应的助残志愿服务协议书。

（5）对助残志愿者的管理做出了规定：中国残疾人联合会组织联络部负责全国助残志愿者工作的规划、协调、指导和督查；省级、市级残联根据本地实际制定助残志愿者注册管理实施细则，推动助残志愿活动广泛开展；县级残联负责开展志愿助残注册和管理工作；乡级残联、村级残协通过建立志愿助残联络站（点）、志愿助残组织等形式，广泛开展助残志愿者的登记、联络和对接服务等工作；地方各级残疾人组织应当做好助残志愿者的管理服务工作，逐步建立、健全宣传招募、登记注册、服务对接、培训管理、考核评价、激励表彰等长效机制。注册机构应当加强助残志愿者的日常管理。

（6）建立了助残志愿者的评价与表彰机制：注册机构负责助残志愿者的表彰与激励，依据已认定的志愿者服务时间，实行一至五星的星级评定制度和表彰奖励制度。

残疾人问题不是个人问题，也不是一个志愿者能够解决的问题，而是一个需要全社会共同努力的重大社会问题，尤其需要通过立法来解决。相关法律法规的确立，一方面体现了我国社会文明的进步和人权事业的发展，另一方面也表明了我国高度重视保障残疾人权益、尊重残疾人权利的立场。这些法律法规，一是推动了我国残疾人的立法进程；二是促进了全社会对残疾人问题的了解和认识，促进现代文明社会残疾人观的形成，最终形成人人关心、爱护、帮助残疾人的良好社会氛围。

目前还没有专门针对助残志愿服务制定的法规，只有中国残联发布的《中国助残志愿者注册管理办法（试行）》，其只是限定在残联组织或在残联组织授权的单位注册登记、参加助残服务时间累计达到 3 小时以上的志愿者。相关法规虽然没有直接对助残志愿服务进行规定，但是这些法规都是助残志愿者在对残疾人提供志愿服务时需要遵守的。对相关法规的熟悉和了解，有利于志愿者在志愿服务过程中有效地维护残疾人的权利，更好地实现助残志愿精神，促进残疾人事业和社会精神文明建设和谐发展。

第二节　助残志愿服务的相关规范性文件

现今，我国助残志愿服务主要来自于残联，残联根据残疾人工作的需要，发布一系列的相关规范性文件。

一、20 世纪末（1986—2000 年）助残志愿服务的相关规范性文件

1986 年 9 月 28 日，中国共产党第十二届中央委员会第六次全体会议通过了《中共中央关于社会主义精神文明建设指导方针的决议》，进一步明确了社会主义精神文明建设的指导方针，会议指出：在社会公共生活中，要大力发扬社会主义人道主义精神，尊重人，关心人，特别要注意保护儿童，尊重妇女，尊敬老人，尊敬烈军属和荣誉军人，关心帮助鳏寡孤独和残疾人。

1986 年 11 月 15 日，国家教育委员会（简称“国家教委”）、共青团中央、全国妇女联合会（简称“全国妇联”）、中国残疾人福利基金会联合颁布了《关于在少年儿童中进行社会主义人道主义教育，培养理解、尊重、关心、帮助残疾人良好道德风尚的意见》（〔1986〕福基宣字第 261 号），决定从 1987 年开始在全国少年儿童中进行以理解、尊重、关心、帮助残疾人为主要内容的社会

主义人道主义教育，并在此基础上使这一教育经常化，成为少年儿童德、智、体、美、劳全面发展教育的内容之一。后来发展成为“红领巾助残”活动，1990 年开始在全国推广湖南省岳阳市的经验。

“红领巾助残”活动

“红领巾助残”活动是由国家教委、共青团中央、全国妇联、全国少工委（全称“中国少年先锋队全国工作委员会”）、中国残联共同组织，1986 年在全国少年儿童中开展帮助残疾人、帮助残疾小伙伴、帮助困难残疾人子女等活动的助残行动。“红领巾助残”活动重在育人。以学校、班级或小组为单位，通过组织助残小分队，建立助残联谊网，开展各种切实有效的助残活动，如组织主题班会，开展“一助一送温暖”“我同残疾小伙伴共同成长”等形式多样、生动活泼的主题活动。通过在学习、生活中帮助残疾人，着重培养少年儿童热爱祖国、热爱人民、志在奉献、坚韧不拔的进取精神和高尚情操，使少年儿童在帮助残疾人的过程中，既培育了关心他人、扶助弱者的爱心，又进行了一次社会道德和拼搏精神的自我教育。

1990 年 12 月 28 日审议通过的《中华人民共和国残疾人保障法》，确定每年五月的第三个星期日为“全国助残日”。

1991 年 4 月 2 日，中宣部、民政部、司法部、国家教委、文化部、卫生部、广播电影电视部、全国总工会、全国妇联、共青团中央、解放军总政治部、中国残联联合发布了《关于开展“全国助残日”活动的通知》(〔1991〕残联宣字第50号),要求各地有关部门认真组织好第一次在全国范围内统一行动的“全国助残日”活动。以后,每年一次以法定节日的形式开展活动,截至2015年,已组织了25个“全国助残日”活动。

助残活动可以采取以下几种方法:

1. 依靠当地党委和政府,组织党政领导人在助残日期间参加走访、慰问残疾人家庭的“送温暖”活动;

2. 充分动员广大党员、干部、社会各界人士与更多的残疾人“帮扶结对”,走进残疾人家庭,提供家政、医疗康复、职业培训、家教辅导等切实有效的服务;

3. 建立、健全基层志愿者助残联络站和残疾人服务社(站),形成服务网络;

4. 与残疾人密切相关的部门和窗口服务行业,设立助残服务岗,提供各种无障碍服务,把“残疾人优先”落到实处;

5. 把志愿者助残活动纳入社区服务总体工作,倡导邻里互助,实行分片包干,社区单位与残疾人签“助残协议书”,“一帮一、结对子”,落实责任,帮扶到户;

6. 在农村以帮助残疾人脱贫致富为重点,帮助残疾人解决生活困难,传授他们生产科技知识,帮农、帮牧、帮副;

7. 采用多种形式鼓励残疾人利用自己的一技之长为社会提供志愿服务,在助残日期间组织残疾人上街为群众义务服务,回报社会。

“全国助残日”

1990 年 12 月 28 日审议通过的《中华人民共和国残疾人保障法》第 48 条规定:“每年五月第三个星期日，为全国助残日。”《中华人民共和国残疾人保障法》从 1991 年 5 月 15 日开始实施，“全国助残日”活动即从 1991 年开始进行。自此，全国每年都进行“全国助残日”活动。每年活动的主题都是依据当年残疾人事业发展的重点工作确立的。实践证明，用法律的形式确定的“全国助残日”活动，是培育全社会扶残助残风尚、提高全民助残意识的一项重要举措，也是精神文明建设活动的一个重要形式。

1991 年 5 月 19 日是我国第一个法定“全国助残日”，是第一次在全国范围内统一行动的助残活动。

1996 年 1 月 19 日，卫生部、教育部、共青团中央、中国残联等 12 个部委联合发出通知，确定每年的 6 月 6 日为“全国爱眼日”。

1996 年 2 月 27 日，司法部、中国残联颁发了《关于加强残疾人合法权益保障做好残疾人法律服务工作的通知》(司发通〔1996〕023 号)，要求做好残疾人法律服务工作，提出各级司法行政部门和残疾人联合会要定期评选、表彰为残疾人提供及时有效法律服务的优秀法律服务机构和个人，广为宣传，扶持社会正义，倡导助残风尚。这是第一次提出为残疾人提供法律助残服务。

1996 年 10 月 25 日，中国残联发布了《关于学习贯彻〈中共中央关于加强社会主义精神文明建设若干重要问题的决议〉的通知》，提出广泛开展各种形式的扶残助残创建活动；要把“建家做友”“红领巾助残”“文化助残”“志愿者助残”“全国助残日”“国际残疾人日”等活动深入开展下去，持之以恒，讲求实效；大力表彰扶残助残先进集体和个人；把扶残助残创建活动纳入创建文明城市、文明村镇活动中。

“全国爱眼日”

1992年9月25日，天津医学院附属医院眼科教授王延华、军事医学科学院研究员徐广第、天津医学院流行病学研究室教授耿贯一和天津和平医疗教学服务部技师董坚四人发表了《建立全国爱眼日倡议书》，拉开了全国爱眼活动的帷幕。随后京、津、沪等大城市先后举办了颇见成效的爱眼宣传教育活动，建立爱眼日的倡议书得到各界人士纷纷赞同，共同倡议者的队伍不断壮大。1996年1月19日，卫生部、教育部等12个部委联合发布《关于开展“爱眼日”宣传教育活动的通知》，将每年的6月6日确定为“全国爱眼日”。

1999年7月30日，中宣部、教育部、共青团中央、全国妇联、中国残联发布了《关于在少年儿童中开展“助残与自强，迈向新世纪”教育活动的通知》，在世纪交替的新历史时期，将“红领巾助残”活动推向深入。

1999年11月30日，卫生部、教育部等10个单位联合发布了《关于确定“爱耳日”的通知》（残联康字〔1999〕第222号），确定每年的3月3日为全国“爱耳日”，并于2000年3月开展了第一次全国“爱耳日”宣传教育活动。

全国“爱耳日”

1998年，部分政协委员在政协第九届全国委员会第一次会议上，提出了《关于建议确立爱耳日宣传活动》的提案。卫生部、民政部、教育部、国家计划生育委员会、国家广播电影电视总局、国家质量技术监督局、国家药品监督管理局、全国妇联、中国老龄协会、中国残联共10个部门对该提案给予高度重视，经过认真调查论证后，一致同意确定每年的3月3日为全国“爱耳日”。

2000年3月8日，国务院残工委等22个单位联合发布了《关于开展第十次“全国助残日”活动的通知》，这个通知中，第一次提出“志愿者助残”。我国提出“志愿者助残”，有利于进一步深入开展志愿者助残活动，推动我国志愿者行动事业。2000年7月联合国社会和经济理事会通过了关于国际志愿者年的决议，确定2001年为“国际志愿者年”。

二、21世纪初（2001—2014年）助残志愿服务的相关规范性文件

2002年4月9日，共青团中央和中国残联发布了《关于开展

“百万青年志愿者助残行动”的通知》(中青联发〔2002〕24号)，进一步深化了青年志愿者助残工作，动员组织了更多的青年和其他社会公众加入助残志愿者行列，有力地推动了助残志愿者的队伍建设。

2005年3月23日，中国残联发布了《关于“中国爱心热线”95178征求意见的通知》，这是一个旨在为残疾人提供全方位资讯服务的综合信息系统，于当年5月16日在全国各城市开通服务。这是在信息产业部的指导下，由中国电信、中国网通等六大运营商联袂开通的全国性服务热线。“中国爱心热线”推动了助残志愿服务的信息化建设。

2007年为迎接在上海举行的第十二届世界夏季特殊奥林匹克运动会(简称“世界夏季特奥会”)，中国残联、教育部、民政部、国家体育总局联合发文，将7月20日定为“全国特奥日”。2008年，中国残联又下发了《关于组织开展第二次“全国特奥日”活动的通知》(残联〔2008〕151号)。自此以后，每年的7月20日，各地残联、特奥委员会、智力残疾人及亲友协会均举行不同形式的庆祝活动。

世界夏季特奥会和“全国特奥日”

特奥运动是专为智力残疾人设立的体育运动。通过参加特奥运动，智力残疾人分享运动的快乐，更好地体现自身融入社会的勇气和自信。2007年上海成功地举办了第十二届世界夏季特奥会，智力残疾人的优异表现给全社会留下了深刻印象，也使人们看到了运动带给智力残疾人的快乐与成功，更看到了智力残疾人所具有的潜能。而“全国特奥日”活动，进一步推动了基层特奥活动与智协工作相结合，引导、动员更多智力残疾人参与特奥活动。

2010年3月10日，国务院办公厅转发了中国残联等部门和单位《关于加快推进残疾人社会保障体系和服务体系建设的指导意见》，有力推动了助残志愿者服务的目标、内容及方式、方法的科学化与规范性。

2010年7月1日，中央精神文明建设指导委员会办公室（简称“中央文明办”）、民政部、司法部、解放军总政治部、共青团中央、全国妇联、全国老龄工作委员会办公室（简称“全国老龄办”）、中国残联联合颁发了《关于加强志愿助残工作的意见》（残联发〔2010〕315号），发展壮大助残志愿者队伍，广泛深入开展志愿助残活动，推动建立与政府服务和市场服务相衔接的助残志愿服务体系，形成关爱残疾人、奉献残疾人的浓厚社会氛围，推动“志愿助残阳光行动”，并提出建立规范志愿助残工作机制。

2010年7月9日，中国残联发布了《关于开展全国“肢残人活动日”的通知》（残联厅〔2010〕75号），决定在全国设立统一的“肢残人活动日”，时间为每年的8月11日。这一节日的设立，充分考虑了当时全国各地肢体残疾人的实际情况，反映了全国约2412万肢残人的心声和愿望；目的是展示肢残人自强不息的风采，让社会各界更多地理解、尊重、关心、帮助残疾人，推动基层专门协会开展丰富多彩的群众性活动。此举在促进残疾人事业发展中具有重要意义。

“肢残人活动日”

自20世纪90年代以来，我国部分省市相继确立了“肢残人活动日”，参加活动的肢残人日益增多。为了提高社会各界对肢残人群体的关注与重视，培育肢残人“平等、参与、共享”社会生活的有利氛围，促进基层肢残人进一步活跃，团结广大肢残人参与、推动残疾人事业发展，并充分考虑全国各地的气候条件，经中国肢残人协会第五届委员会第三次全体会议讨论通过并报中国残联同意，中国残联办公厅印发了《关于开展全国“肢残人活动日”的通知》，规定自2010年起，将每年的8月11日定为全国“肢残人活动日”，寓意是肢残人轮椅车的两个轮子和两根手杖。

2011年6月7日，中国残联颁布了《全国“关爱残疾人志愿服务活动”实施方案》，使志愿助残工作机制更加科学、完善，扶残助残社会氛围更加浓厚，志愿助残理念更加深入人心，残疾人志愿服务活动更加深入、持久。自2011年起，每年的7月6日为全国“关爱残疾人志愿服务——志愿助残阳光行动”主题日，每年定期开展活动。

2012年4月24日，中央文明办、教育部、文化部、全国总工会、共青团中央、全国妇联、中国残联联合发布了《关于组织开展“关爱他人——爱幼助残志愿服务行动”的通知》（文明办〔2012〕15号），使助残志愿服务的内容、形式及模式更加深入和完善。

2012年11月19日，中国残联办公厅发布了《关于举办全国志愿助残工作培训班的通知》（残联厅函〔2012〕179号），在广州志愿者学院（全国志愿者助残培训基地）举办全国志愿助残工作培训班，使志愿助残工作更加深入，提升了志愿助残专业化水平和服务能力。

2013年6月28日，中国残联印发了《中国助残志愿者注册管理办法（试行）》，对中国助残志愿者进行了界定。《中国助残志愿者注册管理办法（试行）》的印发，有助于提升志愿助残专业化水平，推进志愿助残活动的规范化、制度化。

三、2015年助残志愿服务的相关规范性文件

2015年，我国助残志愿服务进入了一个新的历史发展时期，尤其以成立中国助残志愿者协会以及残联领导在中国助残志愿者协会的讲话精神为标志。中国助残志愿者协会的成立，是党和国家高度重视残疾人事业发展，尊重和关心残疾人，大力发展助残志愿服务工作的重要举措，是助残志愿服务迈向科学化发展的重要一步。

2015年1月20日，国务院颁发了《国务院关于加快推进残疾人小康进程的意见》（国发〔2015〕7号），就健全志愿助残工作机制、广泛开展助残志愿服务等方面工作提出指导性意见，加速推动了助残志愿服务工作。

2015 年 5 月 8 日，中国残联发布了《残疾人康复体育关爱家庭计划（试行）》，有助于推动助残志愿服务在残疾人业余文化生活领域的深入开展。

2015 年 5 月 14 日，共青团中央办公厅、中国残联办公厅印发了《关于进一步深化中国青年志愿者助残“阳光行动”的实施意见》，比较全面地在对中国青年志愿者助残“阳光行动”的认识、统筹协调、扩大结对覆盖面、骨干队伍建设、服务机制的规范性、扩大宣传等方面提出指导性意见。

2015 年 5 月 20 日，中国助残志愿者协会正式成立，通过了中国助残志愿者协会章程，选举产生了协会第一届理事会及领导机构。在成立大会上，中共中央政治局原委员、中国志愿服务联合会会长刘淇以及中国残联领导张海迪、吕世明先后发表讲话。刘淇对当前我国助残志愿服务工作的特点进行了归纳，并对下一步工作进行了部署。张海迪对助残志愿工作进行了高度评价，并对中国助残志愿者协会提出了具体要求。吕世明对我国助残志愿服务所取得的成绩进行了梳理，对协会今后的工作形式与任务进行了分析，并指出未来的工作方向。

中国助残志愿者协会

2015 年 5 月 20 日，中国助残志愿者协会正式成立。张伟为中国助残志愿者协会会长，曹跃进、崔海教、杨松、郭新保、孙茂芳、许家成、康辉为副会长，张超英为秘书长。

2015年5月22日，中国残联、中央文明办、民政部、共青团中央联合发布了《关于进一步做好志愿助残工作的通知》(残联发〔2015〕19号)，就目前志愿助残工作面临的一些困难和问题，如志愿助残社会环境有待进一步改善，长效机制尚不健全，志愿者服务能力和专业水平还不够高，志愿助残工作与残疾人的迫切需求还存在较大差距等一系列问题提出指导性意见。

通过这些规范性文件的指导和中国残联的组织，近三十年间我国的助残志愿服务工作不断发展和进步，经历了20世纪末助残志愿服务的形成与起步阶段，21世纪初助残志愿服务的发展和确立阶段，2015年的科学发展雏形阶段。

思考题

1. 请简述助残志愿服务依据的相关法律和条例。

2. 请简述与志愿者相关的条例与管理办法。

3. 请简述助残志愿服务的相关规范性要求。

4. 请简述“红领巾助残”“全国助残日”“全国爱眼日”等主题活动的由来。

第十章 助残志愿服务团队建设

美国著名的管理学家斯蒂芬·P·罗宾斯认为，团队就是由两个或者两个以上的相互作用、相互依赖的个体，为了特定目标而按照一定规则结合在一起的组织。助残志愿服务团队是由助残志愿者个体组成，以“平等、参与、共享”为核心的现代文明社会残疾人观为指导思想，以为残疾人提供生活辅助和参与社会生活等方面的服务为宗旨，努力践行社会主义核心价值观的助残服务组织。

本章选取了在北京市开展助残服务活动历时较长、代表服务不同残疾类别的6个助残志愿服务团队，通过他们的经验分享，为助残志愿者团队建设提供借鉴。

第一节　红丹丹文化助盲志愿服务团队

一、团队简介

红丹丹文化助盲志愿服务团队（以下简称“红丹丹”）成立缘起要回溯至2000年。当时从事电视节目发行的郑晓洁女士，与丈夫王伟力共同创办了电视节目《生命在线》，以纪录片的方式开始讲述残疾人的故事。拍摄过程中，残疾人渴望被社会理解与接受的强烈愿望让节目组成员深受触动。节目开播后得到了广大观众的肯定。但主创们在筹措制作费用时却屡屡受挫，他们也由此深刻感受到社会对于残疾人的关注与支持远远不够。于是，郑晓洁、王伟力决定“弃笔从戎”，离开传媒行业，转投残障服务一线领域。

视力残疾人与其他残疾人的不同在于视觉障碍。许多后天致盲的视力残疾人也将在数年之后失去视觉记忆，他们说“连做梦都没有图像”。针对这种内心的“盲态”，红丹丹通过大量实践找到了解决视力残疾人基本需求的手段——视觉讲述，即通过语言描述传递视觉信息，包括讲电影、触摸模型、舞台讲述、随行讲述等。

团队使命：和视障朋友一起看世界。

二、团队服务领域

红丹丹专注于文化助盲服务领域，致力于用视觉讲述为视障群体提供无障碍文化服务，并倡导社会为视障群体创建融合性支持环境。

三、团队服务形式

组织培训助盲志愿者，为视力残疾人提供讲电影、讲舞台表演、讲大型赛事等视觉讲述服务，为视力残疾人提供有声图书阅读服务和个性化有声图书定制服务，为视力残疾人提供集体出行服务和个体出行服务等。

四、团队服务内容

1.“心目影院”常年免费开放

红丹丹位于鼓楼西大街的小院里，每个周六的早晨都格外热闹，人来人往。被人们亲切地称为“大伟”的王伟力先生，创办了为视力残疾人讲电影的事业。

从 2005 年至今，红丹丹每周六上午都会举办“心目影院”活动，为视力残疾人免费放映一场电影。经过专业培训的志愿者担任电影讲述人，他们用生动、丰富和准确的语言解说电影场景，为视力残疾人传递视觉信息，不仅帮他们看懂一部电影，还让他们通过电影了解社会，潜移默化地传递给他们正确的社会行为模式信息。

现在，“心目影院”已经拥有了一批忠实观众，他们甚至不惜乘车两三个小时从郊区赶来。其中一位视力残疾人属于后天失明，她曾经因为难以接受现实而多年闭门不出，甚至不许家人看电视、看电影。“心目影院”却让她走出了家门，在志愿者的讲述里欣赏电影。她也因此对家人更宽容，更好地融入了家庭生活和社会生活。

在大伟的带动下，作为红丹丹常规活动及主要活动之一的“心目影院”活动，有上千志愿者参与讲电影，迄今为止已开展现场讲述活动 500 多次，上万视力残疾人朋友到现场听讲电影。

2006 年，红丹丹在拜耳（中国）有限公司的资助下，与北京人民广播电台共通开办了广播版《心目影院》，为视力残疾人听众提供影视欣赏服务。随后《心目影院》陆续在中国文艺之声、中国之声、青岛人民广播电台以及多个地方电台播出。

2. 阅读——“心目图书馆”为视力残疾人多读一本好书

“心目图书馆”旨在为视力残疾人提供 Daisy（能随意翻页、做标记）的有声图书借阅服务。

自 2009 年起，红丹丹接受了日本视力残疾人图书馆提供的 Daisy 图书制作技术方面的全面培训，建立了由红丹丹工作人员和核心志愿者组成的技术小组，同时，读书录音的志愿者队伍也在不断壮大中。截至目前，参与其中的志愿者已超过 1000 人，制作 Daisy 图书 450 多部，过万的视力残疾人读者享受了红丹丹的有声图书阅读服务。

“为视力残疾人多读一本好书”活动招募更多的志愿者参与读

书录音，活动目标是建立一个满足视力残疾人个性化读书需求的视力残疾人图书馆，使视力残疾人像健全人一样享受便捷、丰富的生活，让他们从书中收获更多知识。

3. 触摸——指尖上的世界

这个项目的主要目的是让视力残疾人触摸实物模型，接触平时鲜有机会摸到的物品，感知丰富多彩的大千世界。红丹丹建立了一支近百人的讲解服务志愿者队伍，在 2009 年和 2010 年的罗浮宫雕塑触觉展览中，为视力残疾人参观者提供专业的视觉讲述服务。

红丹丹号召更多的博物馆和公共文化服务机构，为视力残疾人提供更多的可触摸的实物模型，帮助视力残疾人更真实地了解客观世界。

4. 戏剧——舞台上的摸索

2008 年，红丹丹与著名话剧导演林兆华合作，邀请 12 位视力残疾人演出话剧《视力残疾人》。首次登上舞台的视力残疾人演员受到了极大的鼓舞。对于许多视障人士而言，参与文化活动给他们带来尊严，使他们不完全流离于社会生活之外。

2010 年，红丹丹成立心目戏剧工作坊，推动视力残疾人戏剧。许多视力残疾人在倾听与声音表达方面能力突出，考虑到这一特点，心目戏剧工作坊还定期举办剧本朗读活动，让视力残疾人演员和听众一起感受台词的节奏，捕捉人物的内心。

伴随着视力残疾人话剧的一次次排练与演出，心目戏剧工作坊仍在继续自己的思考与探索：戏剧为视力残疾人带来了什么？视力残疾人为戏剧带来了什么？

5. 运动——快乐健身，残健同行

视力残疾人趣味运动会在每年的10月15日“国际盲人节”之际举行，志愿者与视力残疾人朋友一对一结对子，共同参加各项趣味运动，在运动中增进了解，分享快乐。从2009年至今，已经开展了6届。

每年10月“国际盲人节”之际，红丹丹还会举行“牵手万里长城”等活动。

从2013年开始，红丹丹组织志愿者带领视力残疾人跑步爱好者参加北京马拉松比赛，在专业陪跑志愿者的协助下，视力残疾人朋友不断突破自我，收获健康、自信和快乐。

红丹丹还定期开展以“快乐健身”为主题的公益活动。每周六，志愿者带领视力残疾人朋友做第八套广播体操。志愿者还定期与视力残疾人一起骑双人自行车。

6. 广播——视力残疾人就业技能创新

红丹丹自成立之日起，为了增强视力残疾人的生存技能，增加视力残疾人就业的机会，开始对视力残疾人学员进行专业系统的广播技能培训和综合职业素质培训。经过培训，有7位视力残疾人学员考取了国家语言文字工作委员会普通话一级甲等资格证。

广播节目《心目看世界》则为视力残疾人学员开辟了一个参与

和实践的平台。2004 年 5 月 17 日，这档由视力残疾人集体参与制作的广播节目开始在北京人民广播电台新闻台《人生热线》栏目中播出。《心目看世界》播出一年多，多家地方广播电台纷纷邀请红丹丹提供视力残疾人制作的广播节目，并为他们培训合格的视力残疾人作广播主持人。

在视力残疾人学员完成北京奥运会采访报道工作后，此项目于 2008 年 10 月结束。期间，红丹丹共培训视力残疾人学员 20 多名，其中一半以上的视力残疾人学员通过自建声音工作室或被电话广播公司录用，实现就业。

五、团队服务的社会影响

主要奖项：

2006 年电影讲述人大伟被评为“北京十大志愿者”；

2007 年电影讲述人大伟荣获“北京好人”奖；

2008 年电影讲述人大伟荣获“优秀慈善个人”；

2008 年奥运会期间红丹丹被选为“西城区对外宣传展示窗口”；

2008 年《心目看世界——视力残疾人广播电影》项目被评为“‘中华慈善奖’最具影响力项目”；

2008 年电影讲述人大伟被授予“北京奥运会残奥会优秀志愿者”称号；

2009 年红丹丹被评为“北京市三八妇女先进集体”；

2010年助盲项目荣获“第八届中国青年志愿者优秀项目奖”；

2011年“心目影院”被评为“第一届北京市社会组织公益服务十大品牌项目”；

2013年电影讲述人大伟提名2013年“CCTV年度慈善人物”；

2013年电影讲述人大伟入选“中国好人榜”；

2014年郑晓洁荣获“北京市三八红旗奖章”荣誉称号；

2014年“红丹丹视力残疾人安全出行服务志愿者服务”项目被评为“北京市西城区优秀志愿者服务项目”；

2014年红丹丹被评为“2014年首度学雷锋志愿服务示范站（岗）金牌项目”；

2014年红丹丹荣获北京市残疾人联合会社会组织风采展示“最佳服务奖”；

2015年“心目图书馆”助盲系列活动被评为“2014年度北京市社会组织公益服务品牌金奖”。

六、自我评价

红丹丹文化助盲志愿服务团队理念：诚信、平等、专业、创新。

我们团队经过十余年的助盲服务，逐渐形成了助盲志愿者服务管理体系，实现视障功能性缺失补偿专业服务。

健全人生活的世界是五彩缤纷的视觉世界，而全盲朋友生活的世界是声音和触感的世界，所有行动都是靠声音、触摸来判别和引导。这就与我们明眼人靠视觉引导行动形成了截然不同的生活环境。肢体残疾人和听觉障碍者也与视觉障碍者不同，他们同样也是靠视觉引导行动，目前提供给他们的有偿服务如轮椅、拐杖、助听器、人工耳蜗等器具，可以解决他们因身体某些部分缺失造成的功能性障碍。在视障者的视障功能补偿方面，低视力者有放大镜等工具，而全盲者却没有任何设备补偿。面对这一困境，红丹丹经过多年的摸索，在为视力残疾人朋友提供讲电影服务的基础上，提出了“视觉讲述”这个概念，从人文关怀的角度来补偿全盲朋友的这一功能性障碍缺失。提供“视觉讲述”视障功能补偿是要靠志愿者的专业服务来实现的。

众所周知，视力残疾人是社会中非常困难的群体，也因此给红丹丹助盲提出了极高的服务标准。志愿服务是红丹丹发展的基石，红丹丹所有项目都离不开志愿者的参与，没有志愿者就没有红丹丹。更重要的是，红丹丹所有成熟项目的推广和复制，都是要在有专业助盲服务的志愿者的条件下才能保证有质量地实施完成。

2010 年在北京市志愿者联合会“春芽计划”的支持下，红丹丹终于完成了助盲志愿者服务管理体系，编制了《助盲视觉讲述服务手册》，这对在全国推广专业助盲、提高助残质量奠定了坚实的理论基础。

第二节 “爱洒无声”助聋志愿者服务总队

一、团队简介

“爱洒无声”助聋志愿者服务总队成立于2003年，前身为北京市崔老师培训中心志愿者服务小组。2003年从事特教工作40余年的崔玮兰老师，以“聋儿康复全员参与”为出发点，带领中心骨干教师，免费为聋儿家长举办“听力语言康复”系列知识讲座，将聋儿康复教育活动延伸到家庭。这一举措深受聋儿家长们的欢迎和感激，也通过事实证明了向家庭乃至社会传播听力语言障碍相关知识的重要性。此后，崔玮兰老师联合业内众多知名专家，正式成立了“爱洒无声”助聋志愿者服务总队。

“爱洒无声”助聋志愿者服务总队以“爱洒无声世界，造福世界听力残疾人”为宗旨，以“敬业、奉献、团结、合作”为指导思想，倡导和践行“奉献、友爱、互助、进步”的志愿服务精神，发起系列志愿活动，号召听力语言康复及相关领域工作者不仅要直接服务于听力语言障碍人士，还要广泛深入地开展家庭服务、社区服务等活动，以播撒知识和技能的方式使我们的关爱扎根生花，使听力语言障碍者得到的帮助和温暖更加广博、更加持久。

二、团队服务领域

“爱洒无声”助聋志愿者服务总队长期以来依托专业化康复教师团队及“爱洒无声”助聋志愿者团队，秉承“爱洒无声世界，造福世界听力残疾人”的宗旨，为使听力残疾人士达到“能听会说、全面发展”而不懈努力。

1. 针对社区内听力残疾儿童

（1）为无法到机构接受听力语言康复的听力残疾儿童提供康复指导。

（2）为进入普通学校随班就读的听力残疾儿童提供后续教育指导。

2. 服务对象扩展到听力残疾儿童家庭

（1）依托专业资源，开展“家长培训”系列讲座，为听力残疾儿童家长提供教育指导。

（2）开展专门针对听力残疾儿童家庭的长期性公益活动。

3. 针对社区老年人

（1）为耳鸣、听力下降、言语辨别率差等听力残疾老年人提供康复指导。

（2）为因中风、脑软化等疾病产生语言及心理沟通障碍的老年人提供心理疏导。

4. 针对困难听力残疾儿童及其家庭

为了努力改善听力残疾儿童的生活康复环境，帮助他们走出困境，“爱洒无声”助聋志愿者服务总队启动了“以艺术播撒爱”系列公益拍卖活动。

三、团队服务形式

近几年“爱洒无声”坚持走进社区，从听力残疾儿童家庭做起，逐渐到街道、社区、区县。

截至 2013 年，“爱洒无声”走进社区助聋行动覆盖了北京市各个区县：2011 年走进西城区；2012 年联合 5 家相关机构，分别在西城、朝阳、通州、石景山四区开展走进社区助聋融合教育活动；2013 年联合 11 家相关机构在全北京市开展社区融合教育助聋行动。“爱洒无声”团队分别开展了社区融合教育、老年人及听力残疾人士听力检测、募集捐赠助听器、心理康复疏导、公益大讲堂、公益拍卖等活动，社会反响热烈，得到了大众、媒体等社会各界的无数好评。

2014 年“爱洒无声”团队开展了“梦想体验馆”项目，让失聪儿童通过亲自参与音乐、绘画、舞蹈及手工制作等活动，动手动脑，把“要我学”变为“我要学”；充分尊重失聪儿童的自身感受，调动起失聪儿童的能动性，使其主动学习。此项目的开展以“爱洒无声”助聋志愿者服务总队多年积累的人力资源为基础，与艺术团体，苗圃、任鲁豫等影视明星，中国书画家联合会等建立良好的合作关系，多位艺术家亲自为“梦想体验馆”的听力残疾儿童授课。

四、团队服务内容

1.“每周奉献两小时”行动

志愿者通过每周累计奉献时间的方式，集中于每月第四个星期六全天开展主题志愿服务。现有主题涉及爱耳知识宣传、家长培训、社区帮扶、后续教育、志愿者培训等多个方面，有力地为“爱洒无声”各个志愿服务项目的开展提供了人力资源支持。这个项目不仅从更广阔的角度为听力残疾人士提供了服务，还将专业知识传递给了更多的爱心人士，进一步壮大了服务团队的力量。

此项目于 2004 年 3 月启动，每月开展志愿活动一天。

2.“康复机构每周开放一日”活动

康复机构开放日定于每周六，活动倡导社会爱心人士、团体和组织机构等深入听力语言康复工作实践，通过参观、学习乃至实际操作等方式，了解听力残疾人士的生活现状和听力语言康复的工作概况，以吸纳更多的志愿人士及团体参与进来，开展更加专业、有效的服务。

3.“关爱听力”社区康复活动

这项活动专门为社区内听力残疾儿童和社区老年人提供康复教育指导。

4.“知声晓语”系列家长培训活动

主要活动内容：

（1）依托专业资源，为听力残疾儿童及其家长提供一流的服务和教育指导；

（2）开展专门针对听力残疾儿童家庭的长期性公益活动；

（3）用行动影响观念，结合媒体宣传，推进全社会对听力残疾人群的关注和关怀。

5. 失聪儿童之“梦想体验馆”活动

“爱洒无声”助聋志愿者服务总队以“中国梦”为出发点，以“全面康复”为理念，以艺术教育为主要内容，依托聋儿康复技术，联合社会公益组织，整合社会公益资源。通过建立“梦想体验馆”，开展体验活动，为一般聋儿自我拓展搭建平台，实现他们的兴趣爱好之梦；为具有艺术特长的聋儿创造机会，实现他们的职业追求之梦。

艺术教育对失聪儿童的作用不应局限在康复手段与形式上，它更高层面的意义应当是发展失聪儿童的艺术智能，培养失聪儿童的艺术技能，促使失聪儿童在“融入主流社会”的过程中，与健听儿童“站在同一起跑线上”。

“梦想体验馆”一般在节假日等课余时间开展，有效组织听力残疾儿童参与体验活动。体验活动主要内容：

（1）聋儿特色书画、舞蹈教育——兴趣拓展方向；

（2）聋儿特色书画、舞蹈教育——职业培训方向；

（3）聋儿作品制作：录制光盘、书画装帧；

（4）聋儿艺术经纪：举办画展、组织义卖、演出经纪、作品出版。

开展体验教学达到的效果：

（1）提供失聪儿童平等参与社会活动的机会；

（2）使失聪儿童自然融入社会；

（3）使失聪儿童自我价值得到提升；

（4）使失聪儿童对生活充满希望，幸福感提升；

（5）使失聪儿童的想象力、模仿力、创造力得到前所未有的提升。

五、团队服务的社会影响

服务效果

2011—2014年，四年累计直接受益19800人次（2011年2000人次；2012年7400人次；2013年9200人次；2014年1200人次）；建立困境儿童“心灵成长档案”500份；网络宣传12000人次；募集发放助听设备200台；开展社区志愿活动260次；参加活动的“爱洒无声”志愿者2600人次；200个家庭受益。（以上数字皆为概数。）

政府支持

2012年度北京市社会建设专项资金购买社会组织服务项目“‘爱洒无声’走进社区助聋行动”9.1万；

2013年度北京市社会建设专项资金购买社会组织服务项目

"'爱洒无声'走进社区"7万；

2014年度北京市社会建设专项资金购买社会组织服务项目"邻里守望，阳光行动之聋儿'梦想体验馆'"9万；

获奖情况：

2014年"爱洒无声"助聋志愿者服务总队的"邻里守望，阳光行动之失聪儿童'梦想体验馆'"项目夺得了"首届中国青年志愿服务项目大赛银奖"；

2015年"爱洒无声"助聋志愿者服务总队荣获"北京市西城区特色党建品牌"称号。

六、自我评价

"爱洒无声"助聋志愿者服务总队多年来走进社区，围绕"爱洒无声"主题开展公益活动，得到了政府、中国残联的项目及资金支持，打造了一支经验丰富、专业过硬、运作严谨的公益服务策划、执行团队，确保了公益服务的有效、规范实施。

服务总队自成立以来，在全国4个城市共设立了7个学习服务中心，以"敬业、奉献、团结、合作"为指导思想，共开展社会公益活动530多次，参与社会公益组织项目300余次，共帮扶及康复学生近3000人。

幸福是什么？对于我们"爱洒无声"助聋志愿者服务总队来说，幸福就是在无声的世界里培育出爱的花朵，然后默默静待花开的过程；幸福就是听到一个个孩子说出第一句话，看到一个个孩子走出无声世界，默默地把自己的爱倾注每次助聋行动中。

邻里守望从身边做起，志愿服务时时可为。让残疾人感受到亲人般的体贴，让所有听力残疾儿童“能听会说，全面发展”，是我们这个团队美好的愿景。在我们团队中，你会深深明白“爱”的含义。“爱洒无声”助聋志愿者服务总队会一直用实际行动为听力残疾人筑起一座“无碍家园”。

第三节　北京市东城区脊髓损伤者中途之家

一、团队简介

中途之家是中国肢残人协会在社区康复服务层面推出的一个服务脊髓损伤者（又名“伤友”）的项目。从 2009 年运作至今，六年间，它在建立具有中国特色的脊髓损伤者社区服务模式和多元化互动的社区康复工作中，发挥了重要作用。

北京市东城区脊髓损伤者中途之家（以下简称“北京市东城区中途之家”）成立于 2014 年 5 月 9 日，是北京首家挂牌成立的中途之家。日常办公、训练场地确定在北京市玉蜓公园东城区日间居家康复服务机构内，并成立了以伤友唐占鑫为主任的日常办事机构，机构内有 6 名专职工作人员（其中 4 人是伤友）和 6 名兼职伤友，基本上是由中国脊髓损伤论坛（中国最大的伤友网络社交平台）骨干组成。

北京市东城区中途之家自成立以来始终坚持“在中国残联的监督指导下，以脊髓损伤伤友自我管理为主体，动员社会力量”的原则，积极发掘伤友的潜能，以老鸟带菜鸟的形式，通过各种活动及心理辅导，多方面协助他们对新身体进行重新认识和潜能开发，并通过辅助器具以及无障碍环境对他们进行改造和就业辅导，让伤友从病床回归家庭和社会。

北京市东城区中途之家的使命：协助脊髓损伤伤友自信、自理、自强；协助脊髓损伤群体建立平等、受尊重的社会环境。

北京市东城区中途之家的愿景：为脊髓损伤伤友打造一个崭新的天地，通过我们的努力，让他们活出崭新的人生。

二、团队服务领域

1. 为伤友走出家门、参加多种社会活动提供指导和帮助。

2. 为伤友提供专业训练指导，如康复锻炼、生活自理、辅助器具选配、社会适应、心理重建、职业康复和亲友护理知识培训等。

3. 组织伤友开展各类互动互助活动，制订项目计划，组织开展有益于社会的各类活动，如倡导通用无障碍环境、生命教育等。

4. 定期组织志愿者服务团队，为伤友提供康复服务、心理疏导、职业技能培训等社会公益服务。

5. 帮助伤友实现职业再造。

三、团队服务形式

目前机构采用的服务形式主要分为三种：集中训练，专项活动，入户服务。

1. 集中训练。训练包括针对脊髓损伤伤友的生活重建训练，此训练为专业性培训，培训班将按照不同职能，分级别、分阶段、分地点地对相应伤友进行培训，例如，“脊髓损伤伤友生活重建训练班—日间式”和“脊髓损伤伤友生活重建训练班—住宿式”；训练还包括针对中途之家伤友训练员的培训，例如，“伤友训练员初级班”和“伤友训练员高级班”。

2. 专项活动。针对伤友的实际需求，北京市东城区中途之家组织了一系列互动互助活动和公益联谊活动，如面向北京地铁开展了每周一次的无障碍体验活动，组织伤友共体验了北京 17 条主要线路的 318 个无障碍设施，将资料汇总后反映给轨道交通等部门。2015 年，在北京市残联的支持下，北京市东城区中途之家在 2015 年 12 月 3 日“国际残疾人日”出版了我国第一本《无障碍出行手册——地铁篇》。此外，北京市东城区中途之家还组建了中国第一支由伤友组成的轮椅模特队和中国第一支伤友访视团，开展“蜜欢行之欢乐北京”活动；组织了来自全国各地 300 名伤友的大型体验活动；对乱占用无障碍车位和坡道的社会车辆贴警示。

3. 入户服务。组织访视员和训练员到伤友家里入户摸清伤友情况，并了解其需求，针对个人对接居家照护、康复、辅助器具评估和维修以及无障碍改造等服务。

四、团队服务内容

生活重建训练是中途之家只针对伤友开展的一种适合新身体状况的全方位的生活能力训练，在伤友完成医疗康复后，针对现实生活不同阶段的需求而设计的一套训练机制，包括体能、社会适应、咨商辅导、职前训练、社区居住等方面的全方位的课程及训练。把原本需要几年甚至十几年的适应期缩短为几个月，最终达到让伤友认识自己的能力并予以发挥，使他们找回失去的自我照顾、行动、经济等能力，从而减轻家庭和社会的负担的目的。

根据相关调查数据，我国目前有130多万伤友，并且每年还在以上万人的速度增长。这些伤友中大多人都是在一瞬间变成了双下肢瘫痪或者四肢瘫痪，瘫痪的同时还被数十种其他身体功能障碍困扰着。几乎所有的伤友在经过急救、完成基本的医疗康复离开医院回到家后，都会面临同样的问题：瘫痪后该如何生活？生理上的困扰（二便失禁、呼吸困难、褥疮、神经疼痛、痉挛、心血管等从头到脚全是问题），生活自理上的困难（翻身、起身、上下床、洗漱、吃饭等不能自主），家庭、婚姻、就业还有心理上的适应等许多实际问题该如何解决？这些对于健全人普通得不能再普通的事情，对于伤友来说却成了一个个大问题，这些问题使伤友自卑、自责，甚至羞于见人，不愿意走出家门、回归社会，还给其家人带来了财力和精力上的沉重负担。据统计，脊髓损伤者如果无法获得良好的重建而回归社会，终其一生所耗费的平均社会成本将高达200万—300万元。

如果我们能早期介入，给予伤友训练，并提供自我照顾等相关信息，可协助其开发潜能，早日回归社会，为社会节省救助资源。

因此，伤后的生活重建非常重要。

北京市东城区中途之家的伤友们，通过翻译包括世界卫生组织、美国托马斯·杰斐逊学院、美国老兵协会等十几家机构几十万字的资料，以及去台湾有着 25 年生活重建经验的台湾脊髓损伤潜能发展中心学习，结合中国上万个脊髓损伤伤友的实际生活经验，在 2014 年完成了中国第一个针对脊髓损伤伤友的生活重建培训体系。生活重建训练有一个独一无二的核心价值，就是“同侪训练员”，由脊髓损伤伤友训练脊髓损伤伤友，利用伤友经验和专业能力，以及伤友相近的语言、理解方式及技巧去相互个别教导，把很多伤友原本认为不可能的事情变成可能，从而取得专业教师无法取得的教学成效。

目前，该项目已经培训了 30 名伤友，预计今年还要培训 30 名。这些学员有的实现了独立生活；有的开始了创业计划；还有的加入了中途之家，服务于更多的伤友。

五、团队服务的社会影响

北京市东城区中途之家在政府指导下，以社会组织方法利用社会动员力独立运行，具有创新性。经过一年多的运行和实践，这种新模式受到中国残联、中国肢协、北京市残联、北京市肢协很多主要领导的充分认可。中国肢协在 2014 年 10 月 15 日授予北京市东城区中途之家“生活重建示范基地”称号。2015 年 7 月 21 日北京市东城区中途之家受邀参加北京市残联上半年康复大会，针对生活重建项目做了 1.5 小时的专家讲座。

生活重建项目自开展伊始就受到了社会各界的广泛关注，人们真实地看到每一位受训学员走进训练营前后的变化，看到一名伤友从精神颓废，不能独立穿衣、上下床，到充满自信，独立外出，积极参加社会活动。生活重建项目这种价值重塑的理念深深地吸引着社会大众。2015 年 6 月 5 日北京市东城区中途之家受邀参与中央电视台 2 套《创业英雄汇》节目录制，创造了该节目 6 个第一，将脊髓损伤和生活重建项目推到了社会大众的视线内。2015 年 6 月 19 日，第一阶段生活重建训练营结业仪式吸引了来自社会各界的百余名企业家、学者、媒体人前来参加，活动报道覆盖了 70 余家媒体，主要有人民网、新华社新媒体中心和中国网及其他主要商业网站。

每一名伤友背后都是一个家庭，千千万万个家庭组成我们的社会。生活重建的意义并不仅仅限于伤友，这个项目除了可以协助伤友重新成为创造价值的社会分子，更能够教育大众预防脊髓损伤，重新审视价值观，重新理解生命的含义。

六、自我评价

北京市东城区脊髓损伤者中途之家通过开展多项服务和活动，不仅建立了一个紧密团结、坚不可摧的核心团队，还形成了一套完善的服务流程，包括访视、参与活动、转介、后续跟踪等；同时组建了多支专业服务团队，包括访视员、个管员、同侪训练员，还包括辅助器具、居家无障碍改造、脊髓损伤基础护理知识等专家组成的协同团队；还针对个别重点项目，如脊髓损伤者生活重建和通用无障碍倡导，形成了专门的项目管理制度以及配套的专业团队。

北京市东城区脊髓损伤者中途之家的各个项目或活动的开展完全缘于服务对象——脊髓损伤伤友的切身需要。每一个项目的制定或者执行都是以伤友为主体，这是保证我们成功举办所有活动的最主要因素。

参与过活动的很多伤友认为，自北京市东城区中途之家成立后，残联在他们心里不再那么有距离感了，他们确实感觉到残联组织的存在。在这里他们不仅可以享受服务，参加活动，而且还能与其他伤友们畅所欲言，交流心得和体会，感受到温暖和亲切。我们将力争让中途之家真正成为脊髓损伤者的康复之家、学习之家、幸福之家、创新之家。

第四节　利智助残志愿服务团队

一、团队简介

利智助残志愿服务团队成立于2000年8月，是主要为15岁以上的心智障碍者提供多元化、专业化服务的非营利性组织。利智下设利智康复中心（2003年5月注册）、利智职业技能培训学校（2008年11月注册）和利智社会工作事务所（2013年2月注册）三个民办非企业单位。

利智发挥社工、特教、心理咨询三个专业背景相结合的支持模式：社工发挥其个案管理、资源整合、权益倡导和项目管理的专业优势，特教根据社工对服务对象的需求评估和个别化支持计划开展专业执行，心理咨询从人的发展心理学的角度给予专业服务上的建议。利智助残志愿服务团队致力于从“优势视角”看待人的价值和意义，以提高心智障碍者的生活品质为服务目标。2015年，利智开始针对成年心智障碍领域的服务机构开展个别化指导和培训，主要提供成年心智障碍服务机构管理咨询、网络整合、产业规划及行业人才培养等服务。

利智的服务宗旨是“支持心智障碍者学会生存、学会做人，做一个对社会有用的人”，服务理念是“平等尊重、信任关爱、务实创新、支持发展”。

二、团队服务领域

利智助残志愿服务团队主要为15岁以上的心智障碍者（包括智能障碍者、自闭症患者及脑性麻痹患者等）提供服务。现提供服务内容包括成年心智障碍者自主生活中心服务、支持性就业服务、支持性生活服务、专业社工服务（包括心智障碍者及其家庭社区融合服务、家长喘息服务及个别化支持服务等）、成年心智障碍服务机构咨询及培训（包括职康站能力提升服务、温馨家园示范服务、服务机构拓荒服务、行业实操培训等）。

三、团队服务形式

利智助残志愿服务团队主要由社工、特教、心理咨询三个专业背景相结合的志愿者组成。现服务方式分为三类。

1. 以心智障碍者及其家长需求为主，提供心智障碍者成长训练营、家长工作坊、心智障碍者自主生活俱乐部、心智障碍者职业康复服务、支持性就业辅导及案例分享、心智障碍者工作人员培训及指导等有意义的服务，提升心智障碍者及其家长的自我认同，用“优势视角”看待接纳每一生命个体。

2. 发挥心智障碍者的优势，建立“漫天使”社区志愿者服务队，联合社区居委会工作队伍，开展社区清洁、社区治安巡逻等服务；发挥心智障碍者的才艺，联结社区，开展手工体验、律动体验、烘焙体验等社区为老助老服务，促进成年心智障碍者自我价值的实现，同时提升社区居民对心智障碍者的认知水平，实现社区融合。

3. 结合利智专业优势，为职业康复劳动站和温馨家园开展小组示范和指导活动，为成年心智障碍服务机构提供管理咨询服务，主要包括服务管理咨询及培训、项目管理咨询及培训以及战略咨询服务；为成年心智障碍行业开展人才培训，包括基础培训和管理培训两部分。

四、团队服务内容

利智助残志愿服务团队从 2003 年就已经开始提供心智障碍者的支持性就业服务，目前服务内容包括社区化就业服务、稳定就业服务、就业转衔服务和职业康复服务。通过就业岗位开发、职前训练、现场支持、就业安置等服务，在就业辅导员的支持下，实现心智障碍者的个别化就业安置及小组安置。此服务自始已累计为 800 余人开展支持性就业相关服务，92 人参与竞争性环境就业，成功就业。

2014 年 9 月 10 日，公益电影《有一天》全国首映，影片中一个故事《疯狂的面包》讲述了一名唐宝宝（医学名：唐氏宝宝，也称先天愚型婴儿，俗称“唐宝宝”）为了追求自己的面包师梦想，通过不懈努力，最终实现梦想的感人故事。故事的原型是利智助残志愿服务团队服务的唐宝宝刘顺利的故事，顺利也本色出演，成功走上了大银幕。而顺利也通过在利智三年多支持性就业服务的努力，从当初连公交车都不敢单独乘坐到2013年7月成功在金凤成祥（面包连锁品牌）台湾街店就业。顺利现在已经就业两年了，工作勤勤恳恳，当志愿者前去探访顺利时，问：顺利现在每天都干哪些活?顺利答道：一共四件事，上面包、对出库单、店面清洁，还有就是，尽心尽力为顾客服务。此时的顺利满脸尽是骄傲，我们也为顺利感到自豪。

利智助残志愿服务团队在2013年承接北京市丰台区社会建设专项资金支持的“被忽视的价值”慢飞天使社区共建项目，此项目重视心智障碍者的社会需求，以社区及居民对社区环境建设的迫切需求作为切入点，通过残健共融的活动，带动社区居民共同开展社区建设。项目实施两年来，社区环境得到很大改善，收获了社区居民和社区居委会的一致好评；通过社区共建的融合活动，社区居民对心智障碍者的态度也发生了很大转变，例如，居民在社区遇见心智障碍者会主动打招呼了；双方遇到困难会相互帮助了；彼此说话更有礼、客气了……通过社区共建，我们看到社区居民、心智障碍者及整个社区一点点的变化，不仅是环境，更是人文。2015年七一建党节前夕，利智慢飞天使社区共建项目被评为“2014—2015年度特色党建品牌”。

2014年利智助残志愿服务团队开展心智障碍者困难家庭喘息服务，通过开展家长交流会、心智障碍者成长训练营、心智障碍者家长工作坊等活动，建立心智障碍者沟通交流平台，调动心智障碍者及其家长参与活动的积极性，活动效果通过家长口口相传，使更多心智障碍者及其家长，如培智学校的心智障碍者及其家长，参与到活动中来。心智障碍者及其家长有更多的主人翁意识，他们推动了心智障碍者家庭走出家门，参与活动，促进社会融合。

五、团队服务的社会影响

服务成效上分为心智障碍者、心智障碍服务机构及就业辅导员、社会环境、社会政策四个方面。

1. 通过服务，提升心智障碍者的生活技能、职业康复和参与就业的能力，发挥其自主自助的生命潜能，改善其生活品质。

2. 通过数期就业辅导员培训及实务指导，心智障碍服务机构及就业辅导员的专业服务水平得到提升，为心智障碍服务机构专业化发展奠定人力基础；通过职业辅导，实现心智障碍者个别化就业和小组安置就业，从而提升社区残障人士的就业率，同时促进心智障碍者的社会融合。

3. 通过心智障碍支持性就业研讨会、论坛、电影《有一天》的放映以及媒体报道，社会公众对心智障碍人士的就业权利普遍认同，心智障碍人士的就业环境正在逐步改善。

4. 针对北京市残疾人职业康复政策《北京市残疾人职业康复劳动项目绩效考核标准细则》中关于档案及资料管理、康复与培训部分提出修订建议；针对残疾人就业的相关政策提出建议，对《残疾人就业条例》中第四章就业服务的章节进行修订建议；北京市已于2015年开始启动支持性就业区级示范，利智团队作为专家指导团队进行示范指导。

十几年来，利智团队在支持性就业上的精专钻研和努力以及取得的成就，获得多家媒体的报道，如《北京晚报》《新京报》等多家纸媒；支持性就业服务的案例和故事也搬上了四川卫视《公益中国》、北广传媒《真情手递手》等节目；支持性就业的本土案例及操作指南手册也即将问世，将会为更多耕耘在成年心智障碍领域的服务机构和就业辅导员提供参考。

六、自我评价

服务心智障碍者是漫长的旅程，就像跟着蜗牛散步一样。很多时候我们所能做的是听从心智障碍者的安排，从旁做伴，在其需要的时候给予支持，剩下的就是我们安静地、安静地，静待花香。我们深信，每个生命都会绽放属于自己的色彩和光芒。在我们的支持下，心智障碍者的自主性和独立性提升，开始他们的美好生活。社区化的生活、就业、就学、就医都不再只是梦想。

利智成立15年来，直接服务的心智障碍者超过一千人，但我们深知利智团队的服务能力和基数庞大的心智障碍者对比只是杯水车薪。从2015年起，利智在行业开展成年心智障碍服务孵化，为有志于提供成年心智障碍服务的机构，开展管理咨询、行业人才培训、产业规划及网络整合，为更多的心智障碍者服务。

第五节　北京五彩鹿儿童行为矫正中心

一、团队简介

北京五彩鹿儿童行为矫正中心（以下简称“五彩鹿”）成立于2004年，由社会志愿者孙梦麟女士创办，是一个专业的针对自闭症儿童进行早期康复教育的民营团体。

五彩鹿在创业之初即倡导“以科技为先导，引进国际先进技术，帮助自闭症儿童及其家庭，为社会减轻负担”的理念，谋求“成功训练一个孩子，解放一个家庭，减轻社会压力，为社会和谐发展做出贡献”的社会效益，始终以孩子、家长和教师为中心，强调以人为本的教育理念，让自闭症孩子在快乐中学习和成长，指导家长改善家庭教育方式，为教师提供更优质的工作和生活条件。

五彩鹿团队在各级政府和残联领导的关怀和指导下，从办学之初的4个孩子，7名老师，一间教室，逐步发展壮大，几次搬迁及扩大校舍，艰苦创业，努力提高服务质量，目前已在北京拥有三个校区：高碑店校区、顺义校区和安贞校区，训练面积超过4000平方米，室外活动场地约15000平方米，可以容纳350名自闭症儿童同时参加训练，成为国内迄今为止最大的自闭症儿童教育康复训练机构之一。

二、团队服务领域

北京五彩鹿儿童行为矫正中心是专门为自闭症儿童和有发育迟缓、学习障碍、行为问题的儿童提供早期康复训练的特殊教育团体。目前有教职员工近 100 人，其中研究生 6 人，其他均为本科或大专学历，专业集中在特殊教育、心理学和幼儿教育等。十几年来，五彩鹿以国际先进技术为指导，坚持技术引进和创新，将科学理论与康复实践相结合，在自闭症儿童最为关键的早期干预领域，形成一套科学、有效并适合我国自闭症儿童及其家庭的教学模式，积累了 3500 多份自闭症儿童干预康复样本，搭建了自闭症儿童及其家长教育研究中心，形成了自闭症康复机构管理体系与标准，始终坚持科学的、以人为本的理念对待每一个自闭症儿童及其家庭，确立了一流标准，在训练理念、训练水准、训练效果、对外交流、科学研究、环境设施、机构管理等诸多方面成为国内领先、与国际接轨、窗口式的自闭症儿童康复教育团队。

三、团队服务形式

每一个儿童都有自己独特的特点和学习方式，五彩鹿以儿童个案评估为基础，依照评估结果，针对不同孩子的不同需求，因材施教，制定个别化教育计划（IEP）。教育计划执行由机构、专家、家长共同完成，三者相互联系，密切配合；并以适合儿童发展为核心的教育理念，展开自然情境中的寓教于乐形式，教孩子生活自理，开发儿童的学习动机，帮助其游戏、交友、共同注意，学习社会交往规范，努力发掘他们的内在潜力，培养他们的兴趣。

同时，五彩鹿也尤其重视对自闭症儿童的家庭给予持续支持。

十几年来，五彩鹿持续为自闭症儿童家长免费提供培训和咨询，包括聘请国内外专家来五彩鹿培训家长，共举办各类家长培训班300余期，参训家长20000余人次。五彩鹿还组织由专家、骨干教师组成的“家庭支持小组”，深入自闭症儿童的家庭，指导教育训练；对离园儿童及其家庭，包括在普通幼儿园、小学就读的自闭症儿童，给予持续支持。

至此，五彩鹿对自闭症儿童的教育训练形成了自己独特的发展模式：对适龄儿童进行持续地密集型抢救性干预；儿童训练与家长培训同步进行（突出的训练效果又强化了家长的信心）；针对每个家庭进行单独指导，帮助家长；对离园儿童给予持续支持。

四、团队服务内容

对于有特殊需要的儿童有多种帮助方法和服务内容。在“应用行为分析”（ABT）理论的指导下，五彩鹿运用国际上有充分科学数据证明对大多数自闭症儿童有效的前提法、行为法、幼儿综合行为训练、共同注意法、示范法、自然教育策略、同伴教育策略等方法，针对自闭症儿童的社会交往障碍、刻板行为等核心问题，按照《儿童个别化教育计划》，采用个别训练与集体生活训练相结合的方式，让自闭症儿童在生活、游戏中练习语言，学会交友，增长生活技能。

以下是五彩鹿团队采用干预方法的发展过程。

2004 年 6 月，五彩鹿接受“应用行为分析”（ABT）理论培训，开始使用“回合实验教学”（DTT）方法。

2005 年，五彩鹿从中国香港、台湾等地引进“结构化教学”“地板时光”等方法。

从 2006 年 1 月开始，以色列专家艾德博士任五彩鹿技术总监，五彩鹿开发使用了更适合自闭症儿童教育的评估系统，开始运用幼儿综合行为训练、自然情境教学、自然教育策略等方法。

2008 年 6 月，五彩鹿开始使用美国专家邦迪教授传授的“图片沟通系统”（PECS）。

2010 年，五彩鹿引进挪威斯蒂芬教授的“扩大与替代沟通”技术；开始使用由瑞士专家提供的“结构化教学法”（TEACCH）。

2011 年，自闭症研究与教育专家王培实博士将美国现行的、最先进的“集体生活训练模式”介绍给五彩鹿。该方法着眼于儿童社会交往障碍，强调与儿童的互动，用多种形式刺激儿童参与沟通。

2013 年，主题式班级制教学模式的引入，将自闭症儿童的教育训练推向更常态而丰富的教育形式，大大提升了自闭症儿童融入普通环境的技能。

2015 年，在美国王培实博士团队的帮助和指导下，五彩鹿开始进行联合教学的融合教育探索，这是美国近二十年，尤其是近十年流行的融合教育方法。

所有科学方法的引进、消化和使用，保证了五彩鹿的技术始终与国际接轨。更重要的是，五彩鹿将所有的科学方法经过消化吸收，形成一套完整的训练技术体系，融会贯通于儿童的日常教育训练中，并取得了突出的实际效果。

五、团队服务的社会影响

五彩鹿的专业能力得到了行业认可。

2008 年，五彩鹿被北京市残联、国家教委、财政局、卫生局四家单位联合指定为北京市残疾儿童康复救助定点机构。

2009 年，五彩鹿筹划的中华慈善总会五彩鹿孤独症儿童救助基金会成立；北京师范大学特殊教育中心与五彩鹿合作成立自闭症研究中心；五彩鹿还与美国纽约城市大学皇后学院签订了合作协议。

2011 年，五彩鹿在自闭症的科学研究方面取得了一定成果——编译出版了《走出自闭》专著；同年 9 月，中国残疾人福利基金会理事长汤小泉女士视察五彩鹿，对五彩鹿给予了高度评价，并欣然题词:“走出有中国特色的自闭症康复之路”。

2012 年 2 月，五彩鹿创办学前班。学前班遵照普通学前教育的方式设置课程内容、教材以及作息安排，目的是让孩子能够顺利地融入普通小学。

2012 年，五彩鹿承担了北京市孤独症教师的培训任务，举办了“北京市孤独症教师培训班”，对来自北京市各孤独症儿童康复训练机构的 350 多名教师进行了培训，这是迄今为止北京市最大规模的孤独症教师培训。

2013 年 5 月 24 日至 28 日，“国际行为分析协会第 39 届年会”（ABAI Minneapolis 39th Annual Convention）在美国明尼苏达州的明尼阿波利斯市召开。北京五彩鹿儿童行为矫正中心主任孙梦麟出席大会，并与纽约城市大学皇后学院的王培实教授合作发表了研究论文。2013 年，王培实博士团队帮助五彩鹿建立起一套全新的自闭症儿童训练模式——融合托管班。五彩鹿的集体教学模式更加有特色了。

2014 年，五彩鹿出席了 AAC 国际年会，并结合自己的案例向大会提交了研究成果。五彩鹿还出席了在美国举办的幼儿早期融合教育国际研讨会，在会上介绍了中国的融合教育特点和五彩鹿的融合教育实践。

2014 年，五彩鹿被北京市政府机构评选为“十大社会组织的公益服务品牌金奖”。

2014 年，北京市朝阳区残疾人联合会为五彩鹿儿童行为矫正中心提供训练场地和办公场所，支持五彩鹿成立了“朝阳区自闭症儿童康复研究中心”（即五彩鹿高碑店校区）。这是五彩鹿自成立以来所得到的来自政府的最大支持和肯定，使五彩鹿在硬件设施上实现了现代化。

2014 年 10 月 17 日，在北京市朝阳区残疾人职业康复中心召开首届自闭症教育康复国际学术研讨会暨五彩鹿成立十周年经验交流，倡导科学干预，促进融合发展，发布了《中国自闭症儿童发展与现状报告》《五彩鹿自闭症儿童教育康复数据报告》。以新华社、新华公益网为首的社会媒体对此做了广泛报道。一些理念和数据被相关研究和报道持续引用。

2015 年，美国纽约城市大学皇后学院的王培实博士带来 4 位皇后学院的研究生到五彩鹿，和五彩鹿一起进行了联合教学的融合教育探索。

2015 年 6 月至 7 月，五彩鹿在中国残联的支持下，承办了第四期“全国孤独症康复教育行业带头人研修班”的培训工作，并取得圆满成功，来自全国 29 个省市、自治区的行业带头人充分肯定了五彩鹿做出的努力与贡献。

在全球第八个“世界自闭症日”（2015 年 4 月 2 日）之际，五彩鹿出版了《中国自闭症教育康复行业发展状况报告》和《1001 个自闭儿养育秘诀》两本行业书籍，通过新华网等多家媒体宣传自闭症基础知识，为政府制定相关政策提供了依据，为自闭症儿童家庭和相关机构提供了理念指导和科学方法引导，产生了良好的社会效果。

此外，五彩鹿尽可能地给予自闭症儿童困难家庭特殊帮助。在过去的十几年里，五彩鹿无偿资助了许多自闭症儿童家庭，这些真诚和爱心时时温暖着那些在困苦中挣扎的家长。五彩鹿为特困自闭症儿童家庭先后资助训练费用 30 余万元。

六、自我评价

科学实践、勇于创新，北京五彩鹿儿童行为矫正中心已经探索出一条自闭症儿童康复教育、早期干预以及融合教育的道路，为自闭症儿童与普通儿童融合提供必要的条件；与中国儿童教育特点相结合，建立了适合中国家庭和孩子的训练模式。五彩鹿的服务目标是对有发育障碍和特殊需求的儿童，特别是患有自闭症的儿童，提供早期干预训练，为其得到康复，尽早融入社会，成为对家庭、对社会有用的人创造条件，帮助千百万患有自闭症的儿童及其家庭脱离自闭症带来的不幸和困扰。

目前，社会上对自闭症儿童这个特殊群体还是持有偏见与歧视。如果说十年前社会大众对自闭症几乎完全不了解，自闭症儿童遭遇种种歧视和排斥尚情有可原，那么，在当今这个信息爆炸的时代，自闭症的知识在我国得到越来越广泛和深入的宣传，但自闭症儿童的生活环境却仍然令人担忧，尤其是融合教育的推进步履维艰，就不令人满意了。首先，找到愿意接收自闭症儿童的幼儿园非常困难；

其次，当自闭症孩子在幼儿园遇到困难而得不到后续支持时，很容易出现被排斥和劝退的情况。所谓教育以人为本，应该是教育环境、教育方法要根据不同孩子的不同特点而调整，因材施教来促进每个孩子的进步，而不是把自闭症孩子训练成一个“标准模式”来适应普通环境中的“硬性规范”。

在科技发达的今天，依然有科学知识的引进和传播不畅通的情况发生。中国自闭症行业起步落后西方四十多年，至今仍然相差甚远。在我国泛滥的是未经科学实践证明有效的、甚至是被声明无效的干预方法。如何让家长躲避误区、少走弯路，如何让家长带着自闭症儿童尽早开始科学的早期干预，是五彩鹿一直探索的课题。自闭症儿童及其家庭在过去的十年、二十年中走了很多弯路、艰辛路，五彩鹿真心希望在以后的十年、二十年，他们不至于重蹈覆辙，而是一开始就能步入正确的教育康复轨道，得到社会方方面面的充分理解与大力支持。

五彩鹿的终极目标是帮助自闭症孩子们尽可能地真正回归社会。为此，五彩鹿特别希望能够得到政府或者慈善机构的支持，助力搭建一个自闭症权威诊断、康复训练的平台，助力行业教学资源的整合，把相关信息介绍给全国自闭症儿童的家长，这样可以让他们在寻求救治的道路上少走弯路，从而为抢救性干预争取宝贵的时间。五彩鹿将继续以高度负责的精神，对自闭症儿童进行早期康复教育。

第六节　北京市朝阳区望京李楠社会工作事务所

一、团队简介

北京市朝阳区望京李楠社会工作事务所（以下简称“李楠社会工作事务所”）是2012年2月17日在北京市朝阳区民政局社团办正式批准成立的民办非企业单位。事务所以“用感恩回报他人，用公益服务社会，用爱心灌溉生活”为核心价值观，坚持立足社区、发展项目、建立基地、打造精品，通过残疾人社区康复、老年人日间托养、青年就业实习、少儿成长教育、妇幼家庭关爱、百姓公益实践、心理健康普及七大基地建设，努力实现“和谐身心、和谐人生、和谐社会”的终极发展目标。2015年7月，李楠社会工作事务所被认定为4A级社会组织。

李楠社会工作事务所自成立以来，开展了残疾人社区康复、残疾人温馨家园课程化建设、助残志愿服务、残疾人“春雨”宣讲团活动等项目，打造了高校、社区、社会单位等志愿团队15支，吸引了500余名致力于社会公益的志愿者，1500余人次参加服务，累计服务时长近2000小时，受益人群15000余人次。

事务所创建人李楠具有中级社会工作师、国家二级心理咨询师资格，曾担任北京青年政治学院团委书记，2003 年 1 月因公外出时遭遇交通事故，导致高位截瘫。现任北京市残联副主席，市肢残人协会主席，朝阳区肢残人协会主席，朝阳区青联委员。曾荣获“北京市三八红旗奖章”、第二十五届“五四奖章”、第四次“自强模范”、“中国优秀社工人物”及第五次“全国自强模范”等荣誉称号。

二、团队服务领域

北京市残联自 2007 年开始在社区中筹建残疾人温馨家园，以就业年龄段的智力和精神残疾人为服务主体，使他们在社区中可以就近就便地享受到康复、培训、维权、文体、娱乐等服务。李楠社会工作事务所以朝阳区望京街道花家地南里社区温馨家园为服务开端，积极探索“社会工作 + 残疾人工作”“社工 + 志愿者”的工作模式，开展符合残疾人需求、适合残疾人参与、激发残疾人潜能的各类服务，让残疾人在社会康复中逐渐实现个体的增能和助人自助，促进身心融合、残健融合、社会融合，打造可实施、可复制、可推广的品牌项目。

三、团队服务形式

李楠社会工作事务所以残疾人温馨家园为载体，通过日常服务、综合包户、集中活动等方式，开展助残志愿服务。

日常服务采取授课方式，以弥补温馨家园的部分学员从未走进过学校和课堂，接受义务教育的遗憾，使残疾人得到增能和成长。经过不断的探索，事务所开发出通用课程、兴趣课程和拓展课程。其中通用课程要求所有学员共同参与，包括常识课、礼仪课、品德课、体育课、拓展课等；兴趣课程则采取选课的方式，学员们可以根据个人爱好进行选择，如美术课、表演课、舞蹈课、合唱课、手工课和瑜伽课等；拓展课程通过带领残疾人参与游戏、体验、分享等活动学习社会交往，促进社会融合。所有课程由社工、社会组织和志愿者老师担任，以保证课程教学的质量，取得了良好效果。

综合包户是指在温馨家园所覆盖的周边社区内选取重度、特困残疾人家庭，开展陪伴、代买、取药、义务家教、居家康复等服务，提升残疾人的生活便利水平。

集中活动是指在“全国助残日”“国际残疾人日”等重要节点，开展成果展示、表彰激励、文艺演出、趣味运动会等活动，增强残疾人的社会融入感。

2014 年，李楠社会工作事务所在望京街道花家地南里社区温馨家园的服务基础上，又在朝阳区四个街道的五个温馨家园试点开展服务，联合朝阳社区学院、首图“心阅书香”、heArtS 心公艺、纯瑜伽等团队开展温馨家园文化助残服务，使残疾人的身心健康和综合能力均得到提升，使残疾人能够展示自我风采。同时，这些服务还培育和孵化了助残志愿服务组织，提升了志愿者的服务质量和科学管理水平，将社会工作的元素融入残疾人工作。

四、团队服务内容

“暖意融融”温馨家园助残志愿服务项目通过在试点温馨家园开展文化助残志愿服务，有效践行“邻里守望”倡议和“志愿助残阳光行动”号召，传承中华民族传统美德，大力弘扬志愿精神，积极培育志愿服务文化和专业助残志愿服务队伍，让残疾人朋友感受到来自他人、社会和彼此间相助的温暖，同时他们也将得到的关爱感恩回报给他人和社会，从而促进人与人、人与社会的融合，最终达到心的共融，使社会成为一个温暖的大家庭。

（一）开展助残志愿服务的重要指引

2013 年 12 月，中国志愿服务联合会向全国发出开展“邻里守望”志愿服务活动的倡议，提出要重点关爱空巢老人、留守儿童、农民工和残障人士。

2014 年 3 月，共青团中央、中国残联共同发起中国青年志愿者助残“阳光行动”，帮助广大残疾人解决实际困难和问题，使残疾人生活得更有尊严、更加殷实、更加幸福。

2015 年 2 月，国务院印发《国务院关于加快推进残疾人小康进程的意见》，明确指出要广泛开展助残志愿服务，健全志愿助残工作机制，完善志愿者招募注册、服务对接、服务记录、组织管理、评价激励、权益维护等制度，鼓励更多人参加助残志愿服务。

（二）以温馨家园为平台，开展助残志愿服务

1. 围绕实际需求，确定工作思路。

2008 年两奥期间，望京街道花家地南里社区温馨家园被列为重要的对外宣传窗口，在出色完成各项接待任务的同时，也吸取了丰富的助残服务经验，围绕残疾人的需求，设计和开展常态化的志愿服务，提高助残志愿服务的有效性。通过召开助残志愿服务研讨会，对如何促进温馨家园助残志愿服务项目的常态化发展，如何广泛开拓服务领域、创新服务内容，如何对志愿者进行培训、管理、激励和评估，如何全面发挥社会组织在助残服务中的作用，如何更好地开展社会领域的助残志愿服务等问题进行了探索。

2. 挖掘文化特色，树立服务品牌。

（1）项目背景。2012 年，时任中共中央政治局委员、国务院副总理、国务院残疾人工作委员会主任的回良玉同志在出席“全国助残日”文化活动中，发表了题为“大力加强残疾人文化服务，让广大残疾人共享改革发展成果”的讲话。讲话指出：要采取有力措施，进一步完善残疾人公共文化服务体系，切实保障残疾人基本文化权益，使广大残疾人享受到更多精神文化生活带来的快乐。2015 年 1 月，中共中央办公厅、国务院办公厅印发了《关于加快构建现代公共文化服务体系的意见》，指出残疾人作为社会成员，同样享有公共文化服务的权利，文化助残志愿服务正是实现这一目标的有

效途径。

温馨家园的主要成员是智力残疾人、精神残疾人，他们由于自身情况的限制，很多人都没有接受过九年制义务教育，这是他们生命的一种缺失。温馨家园课程化建设正是以“让残疾人在温馨家园中体验校园生活，在常态化的文化助残服务中提高基本素质，展示自我风采”为目标应运而生的。

（2）课程设置。项目创建后，团队认真做好前期调研、策划等基础工作，根据成员实际情况选择课程，安排课表，努力整合可用资源，为每一门课程配备志愿者和志愿服务团队，以达到最好效果。

①通用课程。通用课程设置体育课、健康课、品德课、常识课、礼仪课等，并随着课程开展情况增加深度和广度。

②兴趣课程。兴趣课程设置表演课、声乐课、器乐课、美术课、舞蹈课、瑜伽课等，根据学员反馈随时调整和开发新课程。

③拓展课程。拓展课程设置志愿服务及素质拓展内容，以提升学员的综合素质、交往沟通能力和社会融入能力。

（3）师资队伍。根据课程开展需求，对接区级文化馆、专业演出团队等专业机构的志愿者作为专业课程的师资团队；对接高校青年志愿者、社区党员志愿者、社会单位志愿者、残疾人志愿者及各类社会组织，开展通用课程、拓展课程服务。

（4）成果转化。及时总结课程效果，通过“全国助残日”系列活动、残疾人五星评比等特色活动，分阶段开展画展、运动会、文艺演出等课程化建设的成果转化，形成可推广、可复制、可持续的项目运行模式，提高服务质量。

3. 健全管理体系，探索服务模式。

（1）抓规范，建机制。研究制定志愿服务团队的管理制度、服务规范、指导手册；规范运行志愿者的注册、招募、培训、管理、保障、激励、评价、记录和成果转化；整合、借助中国志愿服务联合会、北京市志愿者联合会的力量，逐步实现制度化、规范化、标准化的工作目标。

（2）打基础，组队伍。注重团队建设，通过助残与互助的服务模式、个人与团体的参与方式、残联与社会的动员机制等维度的结合，形成相辅相成、交织互动的良性运转模式。

（3）重服务，创项目。对残疾人开展志愿服务，要注重前期的科学调研，真正摸清残疾人的服务需求，制定具体可行的服务目标，创建务实常态的服务项目，在运行中实现队伍与项目的对接。

（三）助残志愿服务的收获与反思

1. 针对不同需求，重视项目设计。

温馨家园课程化建设经过三年的实践，初步积累了一些服务经验，并开始尝试复制和推广。我市温馨家园有着共性特点、共性需求，但因地域、人员构成、基础条件等情况的不同，也有着不同的个性需求。

比如朝阳区“暖意融融”项目选取的五家温馨家园，分布在不同街道和地区，残疾人的兴趣爱好也各不相同。针对这种情况，我们通过对需求进行评估，为每个温馨家园选取了一门他们喜欢且适合开展的课程，包括朗诵课、绘画课、手工课、瑜伽课等。

2. 社会工作方法介入，规范项目管理。

助残志愿服务离不开专业社会工作方法的介入。在温馨家园课程化建设过程中，我们借鉴第三方机构对社会组织及服务项目进行评估的方式，通过现场监测、过程记录、专项督导等方法，逐步建立和完善指标，对项目进行规范化管理。

助残志愿服务要借助各种资源的调动。首先，各级残联组织和领导的高度重视是项目实施的重要保证，为项目的实施提供了场地、对象、设施，特别是人力资源的支持。其次，共青团系统是助残志愿服务的生力军，温馨家园已经成为青年志愿者开展服务的有效阵地。北京市志愿服务联合会、各团区县委、青年志愿者协会、社区青年汇都源源不断地输送着优秀的助残志愿者。另外，诸多站在公益事业前沿的各类社会组织也活跃在助残志愿服务的第一线，发挥他们各自的专业优势，打造了特点突出、服务优质的特色品牌项目。如中国狮子联会北京圆梦服务队的全家福拍摄、heArtS 心公艺爱心团队的绘画治疗、北汽五分公司和首汽友联爱心车队的残疾人用车服务等，都将助残志愿服务的领域、范围、内容加以拓展和延伸。

3. 关爱服务团队，营造志愿文化。

在各类志愿服务中，志愿者都是服务的实施者，他们不求回报、无私奉献，在服务中追求自我价值实现的快乐。但是，作为项目的管理者，我们不能忽略志愿者的精神需求和成长需求，要通过培训、计时、评价、激励、督导、分享等方式，为他们提供专业化的服务。从某种意义上讲，志愿者也应该是项目服务对象的一部分。

对从事助残志愿服务的志愿者个人和团队，我们要予以尊重、信任和感谢，通过完善志愿者管理体系、加强助残服务专业培训、促进各类资源有效对接、关注个人成长和价值理念等，全面提升助残志愿服务水平，帮助残疾人实现“平等融合，共享阳光”。

五、团队服务的社会影响

李楠社会工作事务所通过在温馨家园开展助残志愿服务，逐步打造出党建促残建、职业康复、文体康复、心理康复和志愿服务五大特色项目；建立了社区党员志愿者、专业辅导志愿者、青年学生志愿者、社会单位志愿者和残疾人党员志愿者五类助残志愿服务队伍；逐步形成了需求对接科学化、服务管理规范化、日常活动常态化和特色项目品牌化的“四化”模式。

近几年，李楠社会工作事务所因服务开展扎实、效果突出、资源丰富，受到了服务对象和社会的认可，先后得到市社工委、北京市残联、团市委等政府购买社会组织服务的项目支持。通过打造“私人订制，助您圆梦”“暖意融融”“朝阳伴夕阳”“社区青年汇”“望京少年”等精品项目，逐步形成“相伴暖阳”残疾人社会工作、“相伴朝阳”青少年社会工作、“相伴夕阳”老年人社会工作等品牌。《北京青年报》、北京电视台、朝阳有线电视台等媒体均对事务所进行过专题报道。

六、自我评价

1. 总体目标：打造一个可实施、可复制、可推广的品牌项目；孵化和培育一批助残社会组织和志愿服务团队；对基层残疾人工作者传播社会工作理念和工作方法，培养一支残疾人社会工作者队伍；理论与实践相结合，研究探索残疾人社会工作实务。

2. 初步成效：通过模拟学校教育的模式，开展符合残疾人需求、适合残疾人参与、激发残疾人潜能的各类课程教学，让残疾人在社会康复中，逐渐实现个体的增能和助人自助，促进身心融合、残健融合、社会融合。

3. 长效目标：营造良好的扶残助残道德风尚，将残疾人的迫切需求与志愿服务队伍、项目进行对接，打造一支对志愿事业趋于认同、富于责任、乐于助人的服务队伍，以进一步加强残疾人与社会的密切联系，搭建双向互动的服务平台，利用社会资源为残疾人提供教育、就业、康复、娱乐、日常生活等全方位的贴心服务，探索残疾人工作与社会工作的结合。

4. 探索模式：通过项目实施，打造“残疾人工作 + 社会工作”的格局，逐步形成“残疾人社会工作”的学科体系，完善社会工作者、残疾人工作者、志愿者的工作模式。

5. 创新之处：一是服务内容新颖，以学校模式和课程化建设，让温馨家园的残疾人朋友感受到校园的魅力，弥补他们没有走进学校的遗憾；二是服务方法专业，发挥助残类社会组织的作用，通过专职社工、专业化残疾人社会工作保障项目实施，打造残疾人志愿服务队伍，感恩回报他人和社会，促进残健融合、社会融合；三是服务影响广泛：在直接服务残疾人的同时，还对服务的提供者、志愿者及残疾人家庭成员、社会支持系统产生积极的影响。

助残服务团队是由助残志愿者及其组织者组成的一个共同体，在这个共同体中每个志愿者的知识和技能被合理利用并协同工作，根据不同类别残疾人的特点和实际需求，开展有目的、有组织、有计划的助残服务，帮助残疾人解决现实问题。通过助残志愿服务团队，传递“奉献、友爱、互助、进步”的志愿精神，传承“乐善好施、助人为乐”的中华民族传统美德。建设一支优秀的助残志愿服务团队是高效组织助残志愿活动，不断壮大助残志愿者队伍的有效途径。

思考题

1. 如何选择助残志愿服务团队的服务内容？

2. 如何确定助残志愿服务团队的服务形式？

3. 简述建设一个优秀助残志愿服务团队的基本模式。

第十一章 助残志愿服务项目管理

助残志愿服务项目是助残志愿服务团队为了一个具体的助残服务内容而设计的，在一段事先确认的时间内，运用事先决定的资源，产出一个独特的且可以事先定义的服务。因此，助残志愿服务项目是助残志愿服务的重要载体，助残志愿服务项目管理是保障助残志愿服务项目顺利开展，有效实现助残志愿服务目标的重要管理活动。

本章在对助残志愿服务项目实施过程进行科学梳理的基础上，依据助残志愿服务项目设计和推进的进程，将助残志愿服务项目管理归纳为筹备、前期运行、后期运行和结项四个阶段，调、设、宣、注、招、培、管、保、激、评、记、转十二个字的管理技巧，并结合助残志愿服务工作的具体案例，逐一介绍助残志愿服务项目四个阶段十二字管理技巧。

第一节　助残志愿服务项目管理筹备

助残志愿服务项目管理的筹备阶段是调查研究志愿服务需求，并对需求进行评估，最终确定项目选择的过程。这一阶段的助残志愿服务项目管理工作主要涉及“调”“设”“宣”三个管理技巧。

一、“调”

“调”就是对志愿服务需求进行调研。所有的志愿服务均来自于人民群众的需求，而非我们自己想象的志愿服务需求。

我们一般采用问卷的方式来摸清残疾人志愿服务需求。比如，下文就是一个围绕残疾人基本生活需求的调查问卷主体部分：

北京市残疾人基本服务状况和需求专项调查

（残疾人调查表节选）

<table>
<tr><td colspan="4">社会保障</td></tr>
<tr><td>R23. 是否参加职工社会保险（16 周岁及以上填报；可多选）</td><td colspan="3">1. 养老保险；2. 医疗保险；3. 其他保险（失业保险、工伤保险、生育保险）；4. 未参加。</td></tr>
<tr><td>R24. 是否参加城乡居民养老保险（16 周岁及以上填报）</td><td>1. 是；
2. 否（直接跳转 R26）。</td><td>R25. 是否享受居民养老保险缴费补贴</td><td>1. 是；
2. 否。</td></tr>
</table>

<table>
<tr><td>R26. 是否参加医疗保险（城乡居民 / 新农合）</td><td>1. 是；
2. 否（直接跳转 R28）。</td><td>R27. 是否享受居民养老保险缴费补贴</td><td>1. 是；
2. 否。</td></tr>
<tr><td>R28. 一年来社会救助及福利补贴情况（可多选）</td><td colspan="3">1. 最低生活保障；2. 特困人员供养（城乡集中或分散供养）；3. 医疗救助；4. 其他救助（教育救助、住房救助、就业救助和其他临时救助）；5. 困难残疾人生活补贴；6. 重度残疾人护理补贴；7. 其他福利补贴；8. 无。</td></tr>
<tr><td rowspan="2">托养服务（16—59 周岁智力、精神和重度肢体残疾人填报）</td><td>R29. 是否享受托养服务</td><td colspan="2">1. 是（直接跳转 R31）；
2. 否。</td></tr>
<tr><td>R30. 目前托养服务需求</td><td colspan="2">1. 居家托养；2. 日间照料；3. 机构寄宿托养；4. 无需求。</td></tr>
<tr><td colspan="4">康复</td></tr>
<tr><td>R31.　年来是否得到以下康复服务（可多选）</td><td colspan="3">1. 康复医疗；2. 功能训练；3. 辅助器具；4. 否。</td></tr>
<tr><td>R32. 目前有哪些康复需求</td><td colspan="3">1. 康复医疗；2. 功能训练；3. 辅助器具；4. 否。</td></tr>
</table>

范例：“爱心手牵手，帮扶一对一”结对帮扶残疾青少年项目的需求调研

“爱心手牵手，帮扶一对一”结对帮扶残疾青少年项目是临海在线助残志愿服务队在临海市志愿者协会的指导下发起的助残志愿服务项目，通过对全市各类残疾青少年进行统计，并根据残疾青少年的情况，一对一开展帮扶工作。主要内容包括心理疏导、贫困救助、技能培训、就业安排等，活动通过临海在线志愿服务板块发布信息，引入社会力量加大对残疾青少年的帮助。

该项目在设计之初就着眼于残疾青少年的现实需要，对助残志愿服务需要开展了全面的调研，从而使服务项目建立在坚实

的现实基础之上。临海在线助残志愿服务队以各镇（街道）为单位，根据前期排摸的情况，对辖区内的残疾青少年进行实地走访。2014 年 1 月，临海市志愿者协会通过市残联等部门了解全市的残疾青少年的信息，并通过当地的团委进行核实。2014 年 3 月，临海在线助残志愿服务队在白水洋镇进行了第一次走访活动，与 15 名残疾青少年结对。2014 年 4 月至 8 月，临海在线助残志愿服务队在节假日分赴全市各镇（街道）残疾青少年家中，了解情况，征集微心愿，条件成熟的开展一对一帮扶。

在走访调研的基础上，临海在线助残志愿服务队调查了 19 个镇中的 12 个镇，走访残疾青少年 160 人，一对一结对帮扶 32 人，提供帮扶资金 3200 元，配合开展就业培训 25 人次，推荐残疾青少年入厂就业 8 人。

二、“设”

“设”就是对调研所得的志愿服务需求进行评估，设计符合需求的项目，确定项目选择，设立项目。

北京市红丹丹视障文化服务中心的“心目影院——为视力残疾人讲电影”项目就是助残志愿服务的优秀项目案例，这一项目的设计和开展符合视力残疾人群的需求，为广大视力残疾人士提供了一个娱乐和提升自身文化修养的平台，受到了他们的广泛支持和欢迎。

范例："心目影院——为视力残疾人讲电影"项目的项目设计

从2005年开始，红丹丹每周六的上午都在鼓楼西大街的一个小院里，为视力残疾人免费放映一场电影，并有专业培训的志愿者解说电影。此后，红丹丹与北京人民广播电台共同开办了广播版《心目影院》，并陆续在中国文艺之声、中国之声及多个地方电台播出。

红丹丹在全国各地与当地合作伙伴共同开展"心目影院"活动，为更多的视力残疾人朋友提供视觉服务。"心目影院"项目开展的形式主要有：

1. 现场电影讲述，每周六上午9:00—12:00；

2. 音声解说电影CD借阅，向视力残疾人朋友免费提供借阅服务。

下面"心目影院"助残志愿服务项目的岗位设置。

岗位1：电影讲述人。

岗位描述：现场为视力残疾人讲电影。

岗位条件：热爱公益，喜欢电影，善于沟通、表达，具有丰富的生活经验。

岗位2：助盲服务。

岗位描述：现场为视力残疾人提供助盲服务。

岗位条件：热爱公益，有责任心，善于沟通、表达，具有丰富的生活经验。

作为红丹丹的常规活动及主要活动之一，“心目影院”系列活动从 2006 年 7 月开始，坚持每个星期六为视力残疾人讲电影，已经有上千人次志愿者参与，上万人次视力残疾人到现场听讲电影。现在“心目影院”已拥有一大批忠实观众，他们走出家门，在志愿者的讲述里欣赏电影，逐渐融入家庭生活和社会生活。

三、“宣”

“宣”就是对设立的志愿服务项目进行宣传推广，营造氛围，进行项目统筹和资源动员与整合。

范例：北京市海淀区第 25 个“全国助残日”主题宣传活动

2015 年 5 月 15 日，在第 25 个“全国助残日”即将来临之际，海淀区隆重举行了“关注孤独症儿童，走向美好未来”主题宣传活动。海淀区志愿服务联合会会长陈其耀，海淀区残联副理事长田文志、马广英，理事陈秀玲，团区委副书记韩鹭，区民办康复机构代表，全区 29 个街镇残联的理事长，残疾人工作者和残疾人代表共 120 余人参加了活动。

本次助残日主题活动的最大亮点是发挥助残志愿的力量和优势。近年来，海淀区志愿服务联合会打造了“邻里守望，爱在海淀”志愿服务系列品牌，依据北京市开展志愿者助残“阳光行动”通知，与区残联携手共建“爱在海淀之共享阳光”志愿服务项目，为残疾人提供生活救助、潜能开发、家政服务、法律维权、康复医疗、送教助学等多方面服务。主题宣传活动正式启动了海淀区阳光助残志愿服务项目，并举行了为志愿服务团队授旗和为孤独症青少年送教上门的志愿者颁发聘书的仪式。活动现场，与会领导还为 13 家民办康复机构代表发放了免费赠送的辅助器具。区残联田文志副理事长做了讲话，他希望通过此次活动，让更多的人关注和理解孤独症儿童的困难和诉求，提供更多、更实际的帮助，让孤独症儿童能积极融入社会，平等发展。主题宣传活动中还展示了民办机构的康复工作成果，可爱的孤独症孩子们为大家带来了 4 个精彩的文艺节目，有打击乐，有舞蹈，博得观众们的阵阵掌声。

助残日主题宣传活动对宣传残疾人事业，唤起社会对孤独症儿童的关注，形成全社会扶残助残良好风尚具有重要意义。

第二节　助残志愿服务项目管理前期运行

助残志愿服务项目管理前期运行阶段是项目立项之后，组建志愿服务团队，对项目进度进行安排，分析成本预算等，为实现项目目标进行规划的阶段。这一阶段的助残志愿服务项目管理工作主要涉及“注”“招”“培”三个管理技巧。

一、“注”

“注”就是志愿者实名注册，既包括在助残志愿服务组织（团队）中登记志愿者个人信息，也包括在志愿北京（www.bv2008.cn）等志愿服务网站注册成为实名注册志愿者。志愿者实名注册可以使志愿者的身份得到确认，有利于志愿者接受系统的培训，更方便地获取服务信息，更好地融入一个团队。

范例：在志愿北京网站注册成为实名注册志愿者

志愿北京网站是北京市统一的志愿者注册网络平台，北京市志愿服务联合会及其委托的志愿者组织为志愿者注册机构，全市各志愿者注册机构应依托志愿北京网络平台建立、健全注册志愿者档案管理系统，实现网上注册和管理，促进注册和管理工作的科学化、制度化、规范化、信息化。

下面是志愿者注册程序。

凡符合志愿者注册条件并志愿从事志愿服务的个人，可通过网络、电话或直接到各级各类志愿者组织等方式向注册机构提出申请，填写北京市志愿者注册登记表，提供个人的基本信息及可参加的志愿服务类别、方式、时间等必要信息。申请人的身份证号是注册的必要认证信息。注册流程如下：

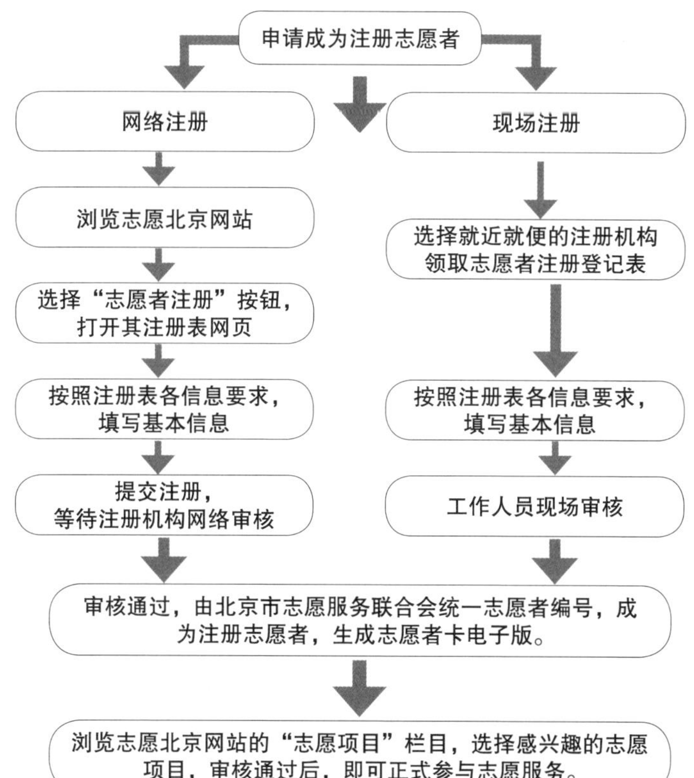

网络注册具体步骤如下。

1. 在浏览器地址栏中输入志愿北京的访问地址：www.bv2008.cn，点击左上角的“志愿者注册/志愿团体注册”链接，如下图所示。

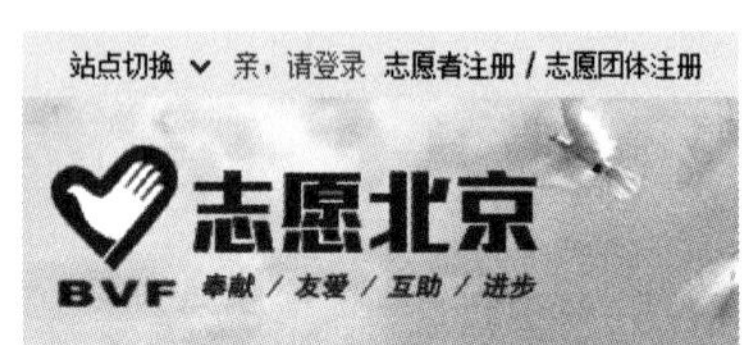

2. 弹出注册新用户页面，在该页面点击“志愿者注册”选项卡，如下图所示。

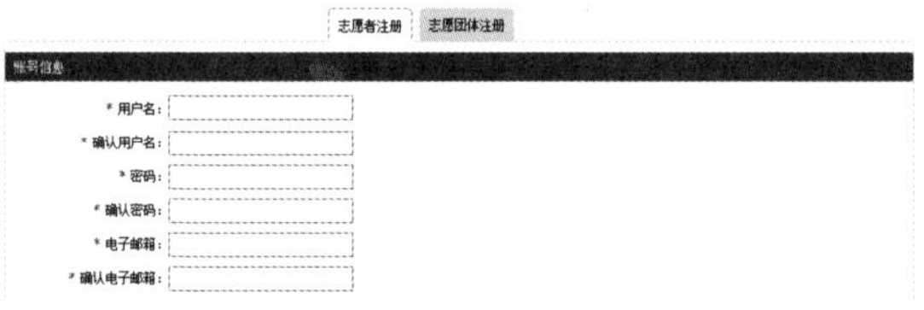

3. 志愿者填写用户注册信息，如下图所示。

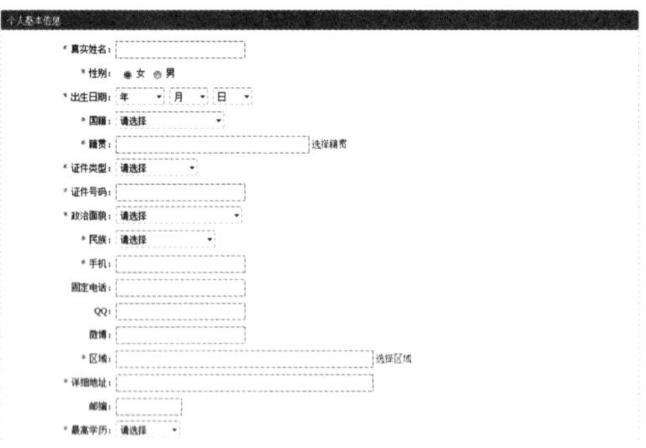

4. 填写完注册信息后，点击“申请成为实名注册志愿者”按钮。若用户填写的信息正确，会进入“信息提交成功”页面，如下图所示。

hejingming，您的信息已提交成功！

一、请牢记您的用户信息。

用户名：hejingming

二、我们将在五个工作日完成对您的实名认证，通过实名认证后，您将获得注册志愿者唯一编号。

三、在信息审核期间，您可以 登录 网站，进行下面操作：

1、进入志愿中心 修改资料 完善详细信息；

2、报名参加 志愿团体 或 志愿项目；

四、如果您有任何问题，请咨询在线服务志愿者。

二、“招”

“招”就是招募志愿服务项目所需要的志愿者，通过完整的招募程序，把志愿者招到项目上来，招到队伍里来，招到服务岗位上去。

北京市志愿服务工作非常重视志愿者招募、选拔、录用工作的制度化。为了招募到足够数量的高素质志愿者参与到助残志愿服务项目中来，志愿者招募工作包括几个前后相承的具体工作环节。

1. 招募准备工作

（1）调查志愿者、志愿服务对象的需求

针对潜在的志愿者和服务对象，志愿者组织在招募工作之前要明确：他们需要什么？对志愿者和服务对象的调查会使志愿者组织明白志愿服务项目设计的重点所在。

（2）设定志愿者的岗位

设定志愿者的岗位应遵循科学、合理、规范、有效等原则，同时考虑民生需要和城市发展需要，并明确志愿者数量、条件等具体需求，确保志愿者能通过岗位为志愿服务活动提供热情周到的服务。

（3）策划志愿服务项目

结合各岗位的实际需求，策划志愿服务项目，项目内容应包括实施时间、实施地点、服务内容、服务要求、服务保障等。

2. 招募工作的实施

志愿者招募要遵循两条基本原则：首先，在一定机构范围内，广泛思考志愿者可能的使用情况，然后根据信息和招募志愿者的方法缩小空间；其次，提供吸引人的岗位，用富有弹性的工作和时间架构完成招募任务。例如，在志愿北京网站上按类别、区域、时间对志愿服务项目进行细分，并依据每个项目的不同需求公开招募志愿者。

3. 志愿者的选拔

当公布招募信息后，也许会有很多人积极报名，想要参加志愿服务，但并非所有的应聘者都能获得参与服务的机会。志愿者组织要对应聘者做适当筛选，选拔出最合适的志愿者。

4. 志愿者的录用

制度化的志愿者录用环节包括对申请材料的审核、面试、测试以及背景审查等。

范例：【145264】“天云”聋儿学校关爱志愿活动（2015年 上半年）（招募中）

项目发起人：北京联合大学管理学院青年志愿服务队

地址：北京市朝阳区北四环东路97号

项目地点：海淀区天云聋儿学校

服务类别：关爱服务

服务对象：儿童，青少年，残障人士

项目日期：2015-05-01 至 2015-08-31

招募日期：2015-05-02 至 2015-08-30

服务时间：每周四上午 9:00-10:30

志愿者保障：1. 顺利完成志愿活动后会给予相应志愿学时；

2. 对参与三次及以上活动的志愿者出具相关志愿证明。

岗位 1：关爱活动志愿者　计划招募：50　已招募：43

岗位 ID：260329

岗位描述：参加天云聋儿学校关爱志愿活动的管理学院志愿者

岗位条件：1. 在具体服务时间可以全心全意陪伴孩子；

2. 有爱心、耐心、责任心；

3. 有较强的沟通能力；

4. 北京联合大学在校生。

项目详情：北京市海淀区天云听力言语康复中心（原北京市海淀区聋儿康复中心）成立于 1993 年，于 2002 年在海淀区残联成立聋儿学校，开展聋儿语言训练工作。我们联大的志愿者通过教孩子学习、陪孩子聊天等方式让聋儿们感受到社会大家庭的温暖，找到存在感与生命的快乐，使孩子们积极乐观地面对生活；通过与孩子们做游戏，培养孩子们团队合作、积极交流的意识。

三、“培”

“培”就是对招募的志愿者进行培训。按照“不培训不上岗，培训不合格不上岗”的标准，对志愿者进行比较系统、规范的培训，以保证志愿者的素质和项目完成的效果。

范例：发现中国的梵高——人人都是志愿者计划

WABC无障碍艺途是一家以教授精神、智力残疾人等特殊人群绘画、音乐、舞蹈等多类型的艺术潜能开发课程的机构。WABC无障碍艺途希望通过建立社区站点工作室的形式，在现有的社区服务中心开设艺术潜能开发课程，给喜爱绘画、音乐、舞蹈等艺术的学员一个展示自我、培养兴趣的机会，同时也能起到一定的辅助康复功能。借专题展览、销售衍生品等方式，让大众了解和认可这个群体的艺术才能，从而实现残障人士的社会价值和经济价值的同步提升。

“发现中国的梵高——人人都是志愿者计划”是一个专门的志愿者培训项目，旨在通过见习、跟课、试讲、培训、沙龙等一系列活动培养良好的青年志愿者；将有志于服务公益事业的青年人培养成为可以走进课堂，在实际参与机构活动中懂得如何与特殊人群打交道，并在艺术常规课程教授方面更加专业，为原生艺术事业以及改善特殊人群做出积极贡献的合格助残志愿者。

“发现中国的梵高——人人都是志愿者计划”活动的培训对象主要为志愿者及社区项目代表，培训的目的在于让志愿者了解特殊人群，明了他们的需求，学习课堂技巧。志愿者培训主要采用专家知识讲座、艺术示范课互动展示、心得体会交流等形式，同时还引入志愿者沙龙、互动游戏拓展等新形式开展相关活动，达到丰富志愿者活动、加深机构与志愿者间交流的目的。

第三节　助残志愿服务项目管理后期运行

助残志愿服务项目管理后期运行阶段是按照项目规划开展系列活动，产出项目阶段性成果并进行检测改进的过程。这一阶段的助残志愿服务项目管理工作主要涉及“管”“保”“激”三个管理技巧。

一、“管”

“管”就是对志愿者进行科学管理，合理分配志愿服务岗位。2013 年北京园博会的志愿者管理就采用了先进的排班选岗系统，此系统可以根据园博会的志愿服务需求和志愿者的个人实际情况，对志愿者进行科学管理，合理分配志愿服务岗位，从而大大提高了志愿者管理的效率和科学性，为园博会的成功举办保驾护航，也为助残志愿服务项目志愿者管理提供了积极的借鉴意义。

范例：北京园博会志愿者管理体系

2013 年 5 月，北京园博会开幕后，有 12000 余名园博会志愿者服务园博会。为此，北京园博会志愿者排班选岗系统正式上线运行，首批排班选岗“小 V 蜂”于 5 月 25 日正式上岗。

北京园博会志愿者排班选岗系统由北京园博会运行调度中心人力资源部志愿者组策划设计。在充分尊重志愿者主体意愿的基础上，该系统让“包时”“包点”高校志愿者和社会志愿者根据个人实际情况，合理安排时间，选择合适的时段到园博会参与志愿服务，让绿色志愿走进每个市民的生活，并对志愿者进行科学管理，合理分配志愿服务岗位。面对科学测算得出的 185 天的展会期间共需志愿服务约 13 万人 / 天，或约 26 万个志愿服务班次，园博会志愿者排班选岗系统在志愿者选岗方面发挥了极为重要的作用，大幅度提高了志愿者组织效率和服务水平，为园博会志愿服务工作打下了坚实的人力基础。

园博会志愿者排班选岗分为高校志愿者选岗和社会志愿者选岗两部分。对于高校志愿者，假设上岗日为 T 日，从 T-10 日开始进入岗位申报阶段，志愿者可自主选择服务载体、服务岗位和服务时段，完成申报。T-7 日系统自动抽签决定志愿者上岗人选。T-5 日前，空缺岗位开放，进行岗位补选，并初步锁定志愿者名单。T-1 日前，如遇志愿者取消报岗，根据“先报先得”原则，其余志愿者可在补报岗位范围内再次选岗，以选报过此岗位的志愿者为最优先。如岗位未报满，将由管理员安排人员报岗。上岗前一天会最终确定上岗名单，并短信提醒志愿者做好上岗准备。社会志愿者从 T-10 日开始进入岗位申报阶段，系统根据“先报先得”的方式排班。T-5 日前，初步锁定志愿者名单。T-1 日前也可在线请假。志愿者所有上岗服务信息会记录在排班选岗系统内，达到通用政策要求后，系统会自动生成“小 V 蜂”证书，并记录志愿者具体上岗服务的日期。

二、“保”

“保”就是志愿者保障、保险，包括政策保障、物质保障，如水、饭、劳动工具、交通等保障。

志愿者保障、保险是志愿者拥有的合法权利。志愿服务机构和志愿者服务的组织，不只要为志愿者提供服务平台和机会，更要从促进志愿服务事业长远发展的高度，关心爱护志愿者，为他们营造良好的社会环境和服务氛围。

范例 1 ：“星星雨——关爱自闭症儿童”项目的经费保障

“星星雨——关爱自闭症儿童”项目为清华大学生命科学学院紫荆志愿者支队发起的阳光助残志愿服务项目，项目初衷是为了解决在星星雨教育机构对家长进行培训时，自闭症儿童无人照顾的问题。目前项目主要活动包括招募志愿者到北京星星雨教育研究所帮助老师和家长照看自闭症儿童；在 4 月 2 日自闭症儿童日“关爱自闭症儿童”蓝色行动上，宣传星星雨项目，引起人们对自闭症儿童的关注，改变大家对自闭症儿童的认识；同时进行一系列爱心义卖活动，所有收入均捐赠给星星雨教育研究所。该项目每学期还在清华大学校内举行软陶活动，自闭症儿童与志愿者一起制作软陶、参观校园，并举行一系列的星星雨志愿者宣讲会，让志愿者们交流志愿经验。

为了保障项目的顺利运行，团队组织者精心设计服务细节，为项目编制了严谨的保障经费细目，推动了项目的科学化和高效运行。

“星星雨——关爱自闭症儿童”项目经费明细表

资金预算支出明细	
项目	金额（元）
志愿者招募海报费用（6 元 ×50 张）	300
自闭症儿童参观校园时午餐供应	500
车费（10 元 ×40 人次）	400
赠送给孩子的书籍（10 元 ×50 本）	500
自闭症知识竞赛奖品（一等奖 100 元 ×1，二等奖 50 元 ×2，三等奖 30 元 ×3）	290
爱心义卖商品运输费用	100
知识竞赛、爱心义卖、软陶制作活动饮用水等保障物资	200
前往星星雨教育中心的志愿者餐饮费用（10 元 ×40 人次）	400
志愿者交通意外险（5 元 ×40 人次）	200
总计	2890

范例 2：北京市实名注册志愿者团体人身意外伤害保险

北京市实名注册志愿者团体人身意外伤害保险是国内第一个由财政出资保障的志愿者保险项目，于 2014 年 6 月 25 日正式生效，保障对象为在志愿北京网站注册并通过实名认证，且从事志愿北京网站所发布的志愿服务项目的志愿者。（注：志愿者中年龄不满 10 周岁的未成年人不作为意外身故责任的被保险人。）

北京市实名注册志愿者团体人身意外伤害保险的保障范围包括在北京地区范围内，志愿者在提供志愿服务时，以及在接受培训、复训、演练和往返途中发生的意外伤害；因志愿服务需要，志愿者受在志愿北京网站注册的志愿者组织委派，到京外开展志愿服务（如应急志愿者赴外省演练、多省合作演练、志愿者赴外省支教等）期间及往返途中发生的意外伤害。

北京市实名注册志愿者团体人身意外伤害保险的保障内容包括身故保险金；残疾保险金，依据《人身保险伤残评定标准》给付；县级以上公立医院医疗门急诊、住院费用，0免赔，给付比例100%；住院津贴，每次不超过90天，全年累计不超过180天；救护车交通费用。

三、“激”

“激”就是在志愿服务项目实施过程中对志愿者进行激励。志愿者激励是保证志愿服务项目效果的重要环节。志愿者不图名、不图利，激励工作应突出精神鼓励。

范例：志愿者激励案例——志愿者骨干是怎么炼成的?

“刘叔叔”就是LG电子（中国）有限公司某部门经理刘昌峰，2008年，他和几十位LG志愿者一起，利用周末时间为京华打工子弟小学的学生提供志愿服务：带他们游览海洋馆并提供英语培训，带他们参观奥运主题展并讲解奥运知识。在同年11月举办的校园趣味运动会上，他被志愿者推举为总指挥，负责整个活动的组织协调，成为服务志愿者的志愿者。在LG的志愿者中，刘昌峰被大家亲切地称为“老刘”。老刘不仅热心参与志愿服务，而且主动组织、策划志愿服务，还带动和影响其他同事积极参与服务，并保证服务效果，在推动公司员工志愿服务发展中发挥了重要作用，他毫无疑问是 LG 的员工志愿者骨干。

像刘昌峰这样的员工志愿者骨干是怎么炼成的？除了他的爱心和良好的个人素质之外，有效的激励手段也是不可缺少的。

激励手段 1：让积极分子体会到成就感

20 多岁的金梅在 LG 已经工作了四年多，第一次参加公司组织的志愿者活动，她收到了小朋友们写的一张感谢卡，小朋友们管她叫“老师”，说她长得像他们的美术老师，亲切、随和。服务对象真诚的感谢让金梅感到非常温暖，她在活动后的调查问卷中说：“虽然小朋友们的话语很朴实，但让我感动，他们那开心的样子，让我在回家的公交车上一直感觉激动和自豪，觉得自己的付出很值得。”自己的付出是对他人有价值的，这让金梅充满了成就感，也激励她继续参加以后的志愿服务活动。

激励手段 2：分享与总结

在公司组织志愿服务之前，刘昌峰自己已经参加过很多志愿者活动，包括照顾孤寡老人等。生于 20 世纪 70 年代、已经做了父亲的他，相对于其他年轻同事，在志愿服务方面更有经验。善于观察的刘昌峰发现，志愿服务不能光凭热情，志愿者不能因为自己是来做好事的，就放松对自己的要求。同时，志愿服务需要相应的技能和技巧，需要专业机构的指导。

从海洋馆回来后，刘昌峰在总结会上提出：志愿者必须自律。参与志愿活动是对社会尽义务，不是外出旅游，志愿者应该约束自己，不能占用资源，也不应该迟到。对志愿者也应该有筛选的标准。同时，志愿者应该在服务过程中学习和成长，未来自主地组织志愿活动。

坦率地说出自己的意见，强调志愿者的自我约束，这不仅没有让刘昌峰得罪同事，正相反，还让他赢得了大家的尊重和拥护。在刘昌峰看来，活动后的分享与总结是对志愿者最有效的激励方式之一。“回顾志愿服务的经历，把自己的观察和思考分享给同事，这让志愿者意识到自己是活动的主人，不能等别人安排好一切，而应该主动地去承担活动设计和执行中的工作。”而在总结后，提升和改善志愿服务，也是帮助积极分子增强信心的重要方法。

激励手段 3：赋予责任

赋予积极分子适当的责任，可以激发志愿者的创新精神和责任感，使他们更加积极主动地投身于志愿服务。朱秋露是刘昌峰同部门的同事，第一次参加志愿者活动，她就被推举为整个趣味运动会的主持人，这让她有点压力，但同时也让她下决心，一定要做好。经过细致的准备，运动会当天，朱秋露亲切生动的主持赢得了一致好评，她也以高票数获选当次活动的“志愿者之星”。同事们的认可和肯定更增强了她参与志愿服务的信心。

像刘昌峰这样的志愿者骨干在企业中还有很多。除了以上提到的激励方式，为积极分子提供专业的志愿服务提升培训，安排机会让他们与公司高层对话，对他们进行精神奖励，这些都是有效的激励手段。

第四节　助残志愿服务项目管理结项

助残志愿服务项目管理结项阶段是项目收尾阶段，是对服务效果进行验收和评估，将完成的成果进行总结，提出对今后工作的改善意见的过程。这一阶段的助残志愿服务项目管理工作主要涉及“评”“记”“转”三个管理技巧。

一、“评”

“评”就是对志愿服务项目实施评价、评估，包括项目结项评估，服务对象、人民群众的评价和志愿者服务效果评估等。志愿服务项目评估对志愿服务工作的可持续发展具有重大意义。

为此，我们节选了《首都大学生基层志愿者服务团项目绩效评估报告》，以期对助残志愿服务项目实施的评价和评估有所借鉴和启示。

范例：《首都大学生基层志愿者服务团项目绩效评估报告》（节选和概括）

（一）基层服务团队项目适当性评估

此部分略。

（二）基层服务团项目效率评估

我们以第二届基层服务团为例，对该项目的投入及其所产生的经济效益这个指标来估算每年基层服务团项目的效率。基层服务团项目的产出是多方面的，既有直接的经济效益，又有间接的社会效益。志愿者在基层单位主要提供的是知识型、技能型的志愿服务，而知识、技能的传播、扩散是无形的、潜在的，对当地的影响是巨大的。可以说，基层服务团项目的产出更多的是间接的社会资本效益。另一方面，按照目前国际上流行的志愿服务的计量方法，可以对基层服务团的经济效益做出计量。第二届基层服务团所创造的经济效益可以用他们的服务时间折合成工作日，再用同期社会劳动力平均收入折合成实际价值。北京市统计局公布的 2003 年北京 10 个远郊区县在岗职工的年平均工资为 16980 元，根据这个数据计量，第二届基层服务团志愿者所创造的直接经济价值就相当于 1698 万元，志愿者的贡献净值为 858 万元，这个数字是相当可观的。但这也仅仅是衡量该项目效率的直接指标，这个项目的间接影响是我们现在无法用数字确切估算到的。可见，每年基层服务团项目的顺利实施将对社会产生巨大的价值。

（三）基层服务团项目效果评估

项目效果指项目实现目标的程度。基层服务团项目的目标主要有两个方面：一是引导大学生就业，提供大学生与基层单位之间相互了解、选择的平台，探索大学生就业新途径；二是充实北京远郊区县基层工作队伍，加强远郊区县基层基础工作，培养、建立基层优秀人才队伍。据统计，第一届基层服务团的志愿者在落实就业单位中，有 77.6％的志愿者留在了远郊区（县）就业，其中留在服务单位的有 17.3％。在对第二届基层服务团的志愿者问卷调查中，有 84.4％的志愿者表示愿意在所服务区县就业。而具体的工作单位意向排在前几位的依次是乡镇机关（33.3％）、区直机关（15.9％）、区直事业单位（13.8％）、街道办事处（9.1％）。据不完全统计，截至 2005 年 6 月底，第二届基层服务团的志愿者已落实就业单位和有明确就业意向的人数占总数的 26.4％，其中有 20.1％的志愿者留在远郊区（县）就业。关于基层服务团志愿者的志愿服务对服务单位的影响，调查问卷显示，88.2％的服务单位认为“充实了单位人力资源，解决了很多实际问题”，11.3％的服务单位认为“解决了一些问题，但作用不大”，0.5％的服务单位认为“几乎没有什么影响，可有可无”，在“其他”选项上注明的有“为本单位的年轻人起到了带头作用”“客观上促进了本单位的职工加强知识的学习更新”等。总的来讲，基层服务团项目的开展开辟了一条便捷的向基层输送人才的渠道，同时也为首都大学毕业生提供了奉献社会、服务基层、锻炼成才的舞台，是大学生和基层单位“双赢的选择”。

（四）基层服务团项目受益群体满意度评估

受益群体的满意度就是指志愿者所提供的服务的质和量在什么程度上满足了受益群体的需求。基层服务团项目直接的受益群体是志愿者的服务单位，从志愿者的日常管理及其志愿服务工作两个方面进行评估。

志愿者服务期间，志愿者由所在团区（县）委、服务单位共同负责对志愿者进行日常管理，服务单位定期将志愿者出勤、服务情况反馈给团区（县）委。团区（县）委将志愿者的表现情况备案，并将其作为考核、评估志愿者全年工作的重要依据。在对志愿者服务单位的问卷调查中，也注重了服务单位对志愿者日常管理的满意度调查，包括遵守基层服务团和本单位的规章制度；参加本单位的业务培训；人际交往，待人接物；接受本单位同事的建议、意见。结果显示，满意度依次为 98.1％、96.2％、93％、97.2％。同时，志愿者服务单位对志愿者提供的专业技能服务、事务性服务、热爱基层和关注基层发展方面的满意度依次为 89.2％、95.7％、93.4％。这表明，第二届的志愿者在这些方面做得非常好，得到了服务单位的高度认同。

（五）基层服务团项目社会影响评估

基层服务团项目的社会影响主要指项目所取得的产出对社会和经济生活产生的间接、长远影响。我们从基层服务团项目宣传的广度和深度、志愿精神的传播产生的预期影响这两个层面进行评估。在招募前期，有效利用报纸、电视、网络等媒体资源进行广泛宣传，同时启动“校园宣传直通车”，将满载着工作展板、咨询材料的宣传车开进各高校巡回宣传。随着该项目的不断深入，此事引起了社会各界的广泛关注，尤其是中国教育电视台、北京电视台、《中国青年报》、《北京青年报》、移动电视等媒体对该项目的进展给予了大量的宣传报道；与此同时，各团区（县）委也相继开通网上志愿者论坛，组织志愿者创编了《志愿者怀柔在线》《密云县大学生志愿服务简报》《昌平青年——志愿心声》《志愿朝阳》等刊物和专栏，树立志愿者典型，宣传志愿服务精神，在志愿者中掀起“向典型学习，真情奉献基层”的热潮，营造了良好的社会氛围。该项目通过志愿者的身体力行，把志愿服务精神辐射到了北京基层的区县乡镇，传播了志愿服务的理念。在对志愿者的问卷调查中，关于志愿者在志愿服务期满后，是否愿意继续参加志愿服务活动的调查结果显示，明确表示“愿意”的占60%，“视情况而定”的占37%，“不愿意”的占3%。同时，基层服务团志愿者的志愿服务行动对其所在的服务单位也有着直接影响，服务单位的员工深受志愿精神的感染，对志愿服务有了更加深刻的认识。在对服务单位的问卷调查中，明确表示以后“愿意”参加志愿服务的有69%，“视情况而定”的有29%，“不愿意”的有2%。

——节选自《中国青年政治学院学报》2007年第2期

二、“记”

“记”就是志愿者项目实施关键环节的记录和志愿者服务计时，记录志愿者志愿服务时间、服务效果等。

助残志愿服务项目完成后，志愿者可以在志愿北京网站上通过个人申报、团体录入、扫描二维码、自动计时、时长码计时等多种方式记录参与助残志愿服务的时长，以作为志愿服务经历留存、星级评定等后续工作的依据。

范例：志愿北京网站志愿者服务计时申请流程

志愿北京网站志愿者服务计时可以按如下步骤操作完成。

1. 在志愿北京网站完成个人志愿者注册。

2. 加入你想参加的志愿者服务项目。

登陆志愿北京网站，在“志愿项目”中搜索你想参加的志愿者招募项目，找到之后，点击进入，在项目介绍详情页点击“我要报名”，申请加入该项目，等待后台审批，一般会在一周内完成审批，审批通过之后就可申请志愿者服务计时了。

3. 申请志愿者服务计时。

每次服务结束后，登陆志愿北京网站，在“用户中心”页面中查看“我的项目”，点击“申请计时”。根据大家的申请，工作人员每周一统计完成计时确认工作。

需要特别提醒的是：志愿者务必使用真实姓名完成注册，并在“申请计时”页面的“备注”栏中，详细填写个人服务信息，以便工作人员核对。

三、“转”

“转”就是志愿服务项目成果转化，就是将项目产出的成果在更常态化、更普遍性的方面推广应用，以产生更大的社会影响。

志愿服务项目成果转化是志愿服务制度化、规范化、可持续发展的重要形式。以 2008 年北京奥运会志愿者工作成果转化为例，在2008年奥运志愿者工作结束后，通过搭建北京奥运会、残奥会志愿服务管理专家库，出版发行相关刊物，积极促进北京奥运会、残奥会志愿者管理工作经验分享，实现了奥运志愿服务知识成果向相关工作领域转化的目标，推动了北京后奥运时期志愿服务工作的全面深入发展。

范例：2008年北京奥运会志愿者工作成果转化

目的

通过搭建北京奥运会、残奥会志愿者工作专家库，出版发行相关刊物，积极促进北京奥运会、残奥会志愿者管理工作经验分享，达到知识成果向相关工作领域转化的目的。

主要活动

北京奥运会结束后，"2008年北京奥运会促进中国志愿服务发展合作"项目将北京奥运会志愿服务管理遗产转化作为项目重点，计划在项目周期内完成两项任务：

1. 搭建奥运志愿服务管理专家库；

2. 组织并撰写北京奥运会志愿服务管理经验文字性成果，为成果转化具体工作的开展提供文字出版物资料。

主要产出

1. 搭建了奥运志愿服务管理专家库。

专家库于2009年12月成立，库内志愿服务实践及研究专家33名，核心专家14名。该库建成后，北京市志愿者联合会成为资源提供方，根据需求为大型活动、体育赛事以及相关单位提供专家资源。目前，该专家库已在项目结束前顺利转化为北京志愿服务发展研究会的一部分，原库内专家将继续分享第一手的研究资料和出版物，参与相关论坛，分享研究心得，为北京、全国乃至世界的志愿服务贡献力量。

2.《2008 年北京奥运会、残奥会志愿者工作成果转化研究报告》出版。该报告分为两期，第一期在几次大型国内外志愿服务论坛和活动中赠送给相关方，第二期于 2010 年出版。

助残志愿服务项目开展得是否顺利，取决于项目管理是否能把各种系统、方法和人员结合在一起，在规定的时间、预算和质量目标范围内完成项目的各项工作。即从项目的投资决策开始到项目结束的全过程，进行计划、组织、指挥、协调、控制和评价，以实现项目的目标。助残志愿服务项目管理的四个阶段、十二字管理技巧有效地将项目的阶段、量化和优化管理过程整合到一起，提高了助残志愿服务项目管理效率。

思考题

1. 如何理解“调”“设”“宣”？
2. 如何理解“注”“招”“培”？
3. 如何理解“管”“保”“激”？
4. 如何理解“评”“记”“转”？
5. 请简述助残志愿服务项目管理的四个阶段。

附件一

助残志愿服务大事记

1986年

11月15日，国家教委、共青团中央、全国妇联、中国残疾人福利基金会联合颁布《关于在少年儿童中进行社会主义人道主义教育，培养理解、尊重、关心、帮助残疾人良好道德风尚的意见》，并联合发起“红领巾助残”活动。

1990年

1990年12月28日审议通过的《中华人民共和国残疾人保障法》，确定每年五月的第三个星期日为“全国助残日”。

1991年

4月2日，中宣部、民政部、司法部、国家教委、文化部、卫生部、广播电影电视部、全国总工会、全国妇联、共青团中央、解放军总政治部、中国残联联合发布了《关于开展“全国助残日”活动的通知》。

1996年

1月19日，卫生部、教育部、共青团中央、中国残联等12个部委联合发出通知，确定每年的6月6日为“全国爱眼日”。

2月27日，司法部、中国残联颁发了《关于加强残疾人合法权益保障做好残疾人法律服务工作的通知》。

10月25日，中国残联发布了《关于学习贯彻〈中共中央关于加强社会主义精神文明建设若干重要问题的决议〉的通知》，提出广泛开展各种形式的扶残助残创建活动。

1999年

7月30日，中宣部、教育部、共青团中央、全国妇联、中国残联发布了《关于在少年儿童中开展“助残与自强，迈向新世纪”教育活动的通知》。

11月30日，卫生部、教育部等10个单位联合发布了《关于确定“爱耳日”的通知》，确定每年的3月3日为全国“爱耳日”。

2000年

3月8日，国务院残工委等22个单位联合发布了《关于开展第十次“全国助残日”活动的通知》。

2002年

4月9日，共青团中央和中国残联发布了《关于开展“百万青年志愿者助残行动”的通知》。

5月21日，第十次“全国助残日”，主题为“志愿者助残”。国务院残工委在京举行全国志愿者助残先进集体个人表彰及事迹报告会。李岚清、丁关根、贾庆林、司马义·艾买提、万国权等当时党和国家领导同志亲切接见志愿者助残先进代表，司马义·艾买提讲话。国务院残工委决定授予42个单位“全国志愿者助残先进集体”荣誉称号，授予67人“全国志愿者助残先进个人”荣誉称号。

5月27日、28日，中国2001年国际志愿者年委员会、共青团中央、外经贸部、中华全国青年联合会、联合国开发计划署共同在京举办“志愿者服务国际会议”。

2003年

9月7日，国务院残工委、中宣部、人事部、解放军总政治部、中国残联在北京召开第三次全国自强模范暨扶残助残先进集体和个人表彰大会。122名全国自强模范，80个全国扶残助残先进集体，77名全国扶残助残先进个人，79个“残疾人之家”，45名全国残联系统先进工作者获得荣誉称号。回良玉同志出席大会并讲话，胡锦涛同志为《自强之歌》作序并指出“发展残疾人事业，共同创造幸福生活”。

2005年

3月23日，中国残联发布了《关于“中国爱心热线”95178征求意见的通知》。

10月27日，共青团中央、民政部等9个部委联合制定了《关于进一步做好新形势下社区志愿服务工作的意见》。

2007年

9月4日，北京残奥会倒计时一周年志愿者动员誓师大会暨北京市残疾人体育训练和职业技能培训中心落成仪式举行。

2008年

6月，北京出版社出版《北京残奥会志愿者培训教材》。

2009年

5月，华夏出版社出版《2008残奥会志愿者培训理论与实践研究》。

2010年

3月10日，国务院办公厅转发了中国残联等部门和单位《关于加快推进残疾人社会保障体系和服务体系建设的指导意见》。

7月1日，中央文明办、民政部、司法部、解放军总政治部、共青团中央、全国妇联、全国老龄办、中国残联联合颁发了《关于加强志愿助残工作的意见》。

7月6日，2010年广州亚洲残运会志愿者形象大使聘任暨《广州2010年亚残运会志愿者知识读本》首发，志愿者培训示范场馆授牌仪式隆重举行。中国残联副主席、亚残运会组委会副主席吕世明，广州市副市长、亚残运会组委会副秘书长陈国，亚残运会组委会副秘书长叶细权，广州市政府副秘书长、亚残运会组委会副秘书长林道平，亚组委志愿者部部长、团市委书记王焕清，中央电视台著名节目主持人白岩松，2008年残奥会双人赛艇冠军周杨静等领导和嘉宾共300多人出席。

7月9日，中国残联发布了《关于开展全国"肢残人活动日"的通知》，确定每年的8月11日为"肢残人活动日"。

11月16日，中国残联发函广州市残疾人联合会，同意授予广州志愿者学院为"全国志愿者助残培训基地"。

12月1日，中国残联下发了《关于开展"志愿助残阳光行动”试点工作的通知》，确定在河北、辽宁、河南、湖北四省开展“志愿助残阳光行动”试点工作。

12月，中国残联在广州志愿者学院挂牌成立首个全国志愿者助残培训基地。

2011年

5月26日，中央文明办、中国残联发布了《关于印发〈全国“关爱残疾人志愿服务活动”实施方案〉的通知》。

6月7日，中国残联公布了《全国“关爱残疾人志愿服务活动”实施方案》。

7月6日，首个全国“关爱残疾人志愿服务——志愿助残阳光行动”主题日活动启动仪式在河南省焦作市举行。

10月15日，盲人文化志愿服务活动启动仪式暨关爱残疾人——阳光志愿助残基地揭牌仪式在中国盲文图书馆正式启动，中央文明办、教育部、共青团中央、全国妇联、全国老龄办、中华志愿者协会、中国残联、中国残疾人福利基金会、中国盲人协会、中国狮子联会、中国盲文出版社、北京按摩医院、北京市及西城区残联等部门和单位的有关负责同志出席。教育部、共青团中央、全国妇联、中国残联联合授予中国盲文图书馆“关爱残疾人——阳光志愿助残基地”称号并为之揭牌。中国残联副主席吕世明出席活动并讲话。

2012年

2月9日，中共中央办公厅下发了《关于深入开展学雷锋活动的意见》，明确要求开展扶老助残、帮困解难、应急救助、便民利民的社会志愿服务。面向留守老人、留守儿童、农民工、残疾人等特殊群体，开展志愿帮扶活动。

2月21日，中国残联与中央人民广播电台“文化助残行动计划（2012—2016年）”战略合作框架协议签约仪式暨盲人“听书工程”启动仪式在中国盲文图书馆举行。中国残联主席张海迪出席仪式并讲话。中国残联党组副书记、常务副理事长王乃坤，中央人民广播电台台长王求，中国残联副主席、中国盲人协会主席李志军以及残疾人代表等200多人出席仪式。

2月29日，时任国务院副总理回良玉同志在残疾人工作委员会全体会议上强调“积极倡导志愿助残服务”。

3月1日，中宣部、中央文明办在北京召开视讯会议，研究部署“弘扬雷锋精神，开展志愿服务”工作。中宣部常务副部长、中央文明办主任雒树刚同志出席会议并讲话。中国残联副主席吕世明作大会发言。

3月15日，中国残联印发了《关于学习雷锋精神，深入开展志愿助残阳光行动的通知》。

4月24日，中央文明办、教育部、文化部、全国总工会、共青团中央、全国妇联、中国残联下发了《关于组织开展“关爱他人——爱幼助残志愿服务行动”的通知》。要求开展社区家庭、康复医疗、支教就学、就业培训、扶贫开发、文化体育、权益维护等助残志愿服务。

7月5日，中央文明办、教育部、共青团中央、全国妇联、中国残联、全国老龄办、中华志愿者协会、中国残疾人福利基金会、中国光大银行等部委和单位在中国盲文图书馆联合举行“关爱他人——助残志愿服务行动”暨“光大助盲阳光活动”启动仪式。中国残联副主席吕世明出席启动仪式。

7月18日，中国盲文图书馆、中国电影科研所、中国电影艺术研究中心、国家广播电影电视总局电影卫星频道节目制作中心和电影数字节目中心共5家单位联合在中国盲文图书馆举办“口述影像，文化助盲”大型公益活动启动仪式。中国残联副主席、中国盲协主席李志军，广电总局党组成员、驻总局纪检组组长王莉莉等领导出席仪式并讲话。

12月10日至14日，全国志愿助残工作培训班在广州市举办。

2013年

5月20日，中国残联办公厅下发通知，要求继续做好中西部部分省份农村社区（村）残协志愿助残工作，推动全国志愿助残工作向基层、向农村延伸。

5月，中国残联组联部与辽宁人民出版社共同出版《红领巾手拉手志愿助残培训系列教材》（共4册）。

5月24日，办公厅下发《关于组织开展2013年“关爱残疾人志愿服务——志愿助残阳光行动”主题日活动的通知》。

6月28日，中国残联印发了《中国助残志愿者注册管理办法（试行）》，同时发布志愿助残标识。

7月5日，中国残联联合中央文明办等17个单位和部门在中国盲文图书馆举办“我是助残志愿者——我在你身边”的“学雷锋志愿助残阳光行动”主题日活动，中国残联副主席吕世明出席活动并讲话。中央文明办、国家新闻出版广电总局、教育部、文化部、全国总工会、全国老龄办、中国银行业协会、中华志愿者协会、中国文艺志愿者协会、中国残疾人福利基金会、中国电影科学技术研究所、中国盲文出版社、中国视障文化资讯服务中心、辽宁人民出版社、北京南站等部门和单位领导，以及中国曲艺家协会主席、中国文艺志愿者协会主席姜昆，中央电视台著名主持人白岩松等出席活动。

12月18日，中国志愿服务联合会正式宣布成立，张海迪同志任常务理事；同时，发起“邻里守望”志愿服务活动倡议，号召广大志愿者和志愿组织从关爱做起，从身边做起，从日常做起，从你我做起，重点关爱空巢老人、留守儿童、农民工和残障人士，让残疾人感受到亲人般的体贴。

2014年

2月19日，共青团中央、中国残联联合下发通知，实施“心手相牵，共享阳光”为主题的中国青年志愿者助残“阳光行动”。

2月27日，中央精神文明建设指导委员会下发《关于推进志愿服务制度化的意见》，对建立、健全志愿服务制度，完善社会志愿服务体系，推动志愿服务活动经常化、制度化提出意见和要求，特别提到“搭建拓宽志愿服务平台，把空巢老人、留守儿童、残疾人作为服务重点”。

3月4日，中央文明办、中国志愿服务联合会在北京召开全国“邻里守望”志愿服务活动工作座谈会，会上，中国志愿服务联合会、中国残联共同发出《“邻里守望——让志愿服务走进每个残疾人家庭”倡议书》。

4月，中国残联副主席吕世明报请鲁勇书记并张海迪主席同意，由张伟、曹跃进、张超英、林达、李楠五位同志作为中国助残志愿者协会发起人。

5月，中国残联组联部、中国盲文出版社、中国盲文图书馆共同成立中国助残志愿者协会筹委会，正式启动协会筹备成立申请工作。

6月18日，中国志愿服务联合会第一届理事会第三次会议决定，同意“中国助残志愿者协会筹备委员会”作为其会员单位，待协会正式成立后办理相关入会手续。

6月25日，中国残联、共青团中央办公厅联合下发了《关于广泛开展阳光行动主题日活动，深入推进志愿助残结对工作的通知》。要求按照“基层团组织或青年志愿者团队＋残疾青少年＋接力”的项目实施模式，广泛动员青年志愿者团队与助残机构、特教学校、社区及残疾青少年家庭建立结对关系，活动主题为“心手相牵，共享阳光”。

7月5日，中央文明办、共青团中央、中国残联在广州共同举办了以“心手相牵，共享阳光”为主题的2014年全国“志愿助残阳光行动”主题日活动。中国残联副主席吕世明、团中央书记处书记汪鸿雁、广东省副省长邓海光等出席活动。

7月6日，全国志愿助残指导员培训班在广州举办。

志愿服务专家就蓬勃发展的中国青年志愿者行动，现代文明社会残疾人观和志愿助残服务，服务各类残疾人的原则、礼仪与技能，辅助器具服务残疾人的应用等方面进行授课，全国残联系统志愿助残工作骨干参加培训。

2015 年

3 月 24 日，中国志愿服务联合会命名首批 52 个“全国志愿服务示范团队”，中国盲文图书馆文化助盲志愿服务团队获此殊荣。

5 月 14 日，共青团中央、中国残联共同印发了《关于进一步深化中国青年志愿者助残“阳关行动”的实施意见》的通知。

5 月 20 日，中国助残志愿者协会正式成立，通过了中国助残志愿者协会章程，选举产生了协会第一届理事会及领导机构。

6 月 2 日，共青团中央、民政部、中国残联、中国志愿服务联合会共同下发了《关于举办 2015 年志愿服务重庆交流会暨第二届中国青年志愿服务项目大赛的通知》。

附件二

历年活动主题

“全国助残日”

1991 年第 1 个“全国助残日”主题：宣传残疾人保障法；

1992 年第 2 个“全国助残日”主题：走进每个残疾人家庭；

1993 年第 3 个“全国助残日”主题：扶助共进；

1994 年第 4 个“全国助残日”主题：我们同行——为远南残疾人运动会献爱心；

1995 年第 5 个“全国助残日”主题：一助一，送温暖；

1996 年第 6 个“全国助残日”主题：预防残疾，增进健康；

1997 年第 7 个“全国助残日”主题：助残与自强；

1998 年第 8 个“全国助残日”主题：扶贫解困；

1999 年第 9 个“全国助残日”主题：无障碍与视觉第一；

2000 年第 10 个“全国助残日”主题：志愿者助残；

2001 年第 11 个“全国助残日”主题：宣传贯彻保障

法，携手迈入新世纪；

2002 年第 12 个“全国助残日”主题：关注基层残疾人工作，保障残疾人基本生活；

2003 年第 13 个“全国助残日”主题：发展残疾人事业，共同奔赴小康；

2004 年第 14 个“全国助残日”主题：情系我的兄弟姐妹，帮扶贫困残疾人；

2005 年第 15 个“全国助残日”主题：平等共享，促进残疾人就业；

2006 年第 16 个“全国助残日”主题：真实的了解，真挚的关爱；

2007 年第 17 个“全国助残日”主题：保障残疾人的权益，共建和谐社会；

2008 年第 18 个“全国助残日”主题：牵手残疾人，走进残奥会；

2009 年第 19 个“全国助残日”主题：关爱残疾孩子发展特殊教育；

2010 年第 20 个“全国助残日”主题：关爱帮扶农村贫困残疾人；

2011 年第 21 个“全国助残日”主题：改善残疾人民生，保障残疾人权益；

2012 年第 22 个“全国助残日”主题：加强残疾人文化服务，保障残疾人文化权益；

2013 年第 23 个“全国助残日”主题：帮扶贫困残疾人；

2014年第24个“全国助残日”主题：关心帮助残疾人，实现美好中国梦；

2015年第25个“全国助残日”主题：关注孤独症儿童，走向美好未来。

“全国爱眼日”

1996年第1个“全国爱眼日”主题：保护儿童和青少年视力；

1997年第2个“全国爱眼日”主题：老年人眼保健；

1998年第3个“全国爱眼日”主题：预防眼外伤；

1999年第4个“全国爱眼日”主题：保护老年人视力，提高生活质量；

2000年第5个“全国爱眼日”主题：动员起来，让白内障盲见光明；

2001年第6个“全国爱眼日”主题：早期干预，减少可避免的儿童盲症；

2002年第7个“全国爱眼日”主题：关爱老年人的眼睛，享有看见的权利；

2003年第8个“全国爱眼日”主题：爱护眼睛，为消除可避免盲而努力；

2004年第9个“全国爱眼日”主题：防治屈光不正及低视力，提高儿童和青少年眼保健水平；

2005年第10个“全国爱眼日”主题：预防近视，珍爱光明；

2006年第11个“全国爱眼日”主题：防盲治盲，共同参与；

2007年第12个“全国爱眼日”主题：防盲进社区，关注眼健康；

2008年第13个“全国爱眼日”主题：明亮眼睛迎奥运；

2009年第14个“全国爱眼日”主题：珍爱视界之窗；

2010年第15个“全国爱眼日”主题：关注贫困人口眼健康，百万工程送光明；

2011年第16个“全国爱眼日”主题：关爱低视力患者，提高康复质量；

2012年第17个“全国爱眼日”主题：情系白内障患者，共享和谐新视界；

2013年第18个“全国爱眼日”主题：汇聚中国梦，2016年前消灭致盲性沙眼；

2014年第19个“全国爱眼日”主题：关注眼健康，预防糖尿病致盲；

2015年第20个“全国爱眼日”主题：告别沙眼盲，关注眼健康；

“全国爱耳日”

2000年第1个“全国爱耳日”主题：预防耳毒性药物致聋；

2001年第2个“全国爱耳日”主题：减少耳聋发生，

实施早期干预；

2002 年第 3 个“全国爱耳日”主题：听力助残——救助贫困聋儿；

2003 年第 4 个“全国爱耳日”主题：提高人口素质，减少出生听力缺陷；

2004 年第 5 个“全国爱耳日”主题：防聋走进社区；

2005 年第 6 个“全国爱耳日”主题：全社会共同关爱老年人——健康听力，幸福生活；

2006 年第 7 个“全国爱耳日”主题：预防听力损伤和耳聋，人人享有健康听力；

2007 年第 8 个“全国爱耳日”主题：珍爱听力，快乐成长；

2008 年第 9 个“全国爱耳日”主题：奥运精彩——我听到；

2009 年第 10 个“全国爱耳日”主题：正确使用助听器；

2010 年第 11 个“全国爱耳日”主题：人工耳蜗——重建听力的希望；

2011 年第 12 个“全国爱耳日”主题：康复从发现开始——大力推广新生儿听力筛查；

2012 年第 13 个“全国爱耳日”主题：减少噪声，保护听力；

2013 年第 14 个“全国爱耳日”主题：健康听力，幸福人生——关注老年人听力健康；

2014 年第 15 个“全国爱耳日”主题：爱耳护耳，健康听力；

2015年第16个“全国爱耳日”主题：安全用耳，保护听力。

“全国特奥日”

2007年第1个“全国特奥日”主题：关注特奥运动，迎接上海世界特奥会；

2008年第2个“全国特奥日”主题：喜迎残奥盛会，开展社区特奥；

2009年第3个“全国特奥日”主题：全民健身，特奥同行；

2010年第4个“全国特奥日”主题：特奥有你有我，迎接福建全国特奥会；

2011年第5个“全国特奥日”主题：家庭的参与，让特奥更精彩；

2012年第6个“全国特奥日”主题：关注智障人士健康，推动特奥运动发展；

2013年第7个“全国特奥日”主题：你我齐参与，开展特奥融合运动；

2014年第8个“全国特奥日”主题：理解、尊重、关心、帮助智力残疾人；

2015年第9个“全国特奥日”主题：特殊奥运，快乐融融。

“肢残人活动日”

2010年第1个“肢残人活动日”主题：消除障碍，快乐畅行；

2011年第2个“肢残人活动日”主题：热爱学习，改善生活；

2012年第3个“肢残人活动日”主题：携手同行，回报社会；

2013年第4个“肢残人活动日”主题：关注农村肢残人兄弟姐妹；

2014年第5个“肢残人活动日”主题：环境无障碍，方便你我他；

2015年第6个“肢残人活动日”主题：养成健身习惯，享受健康生活。

参考文献

1. 国务院办公厅 . 中华人民共和国残疾人教育条例，1994
2. 中华人民共和国国务院令第 488 号 . 残疾人就业条例，2007
3. 中华人民共和国残疾人保障法 . 北京：法律出版社，2008
4. 梁杰，高欣禹 . 残疾人教育条例修改工作启动 . 中国教育报，2010，3（001）
5. 中华人民共和国国家标准 . 残疾人残疾分类和分级，2011
6. 中华人民共和国国务院令第 622 号，无障碍环境建设条例，2012
7. 宁黎黎 . 残疾人就业权利的保障书——《残疾人就业条例》评析 . 人权，2013，3：38~40
8. 云海 . 关注《残疾人教育条例（修订草案）（送审稿）》. 现代特殊教育，2013，3：61~62
9. 王文娟 . 对《残疾人教育条例（修订草案）》的思考 . 绥化学院学报，2013，9：119~122
10. 北京志愿服务发展研究会编 . 中国志愿服务大辞典 . 北京：中国大百科全书出版社，2014
11. 中华人民共和国宪法 . 北京：中国法制出版社，2014
12. 中国残疾人联合会官网：www.cdpf.org.cn